LAG EFTER LAG
LASAGNA KOGEBOG

Fra klassisk Bolognese til kreative vegetariske varianter. Over 100 læskende opskrifter at lægge i lag og bage, perfekt til familiemiddage og særlige lejligheder

Clara Meldgaard

INDHOLDSFORTEGNELSE

INTRODUKTION

Velkommen til den ultimative guide til lasagnaens verden! Denne kogebog er dedikeret til en af de mest elskede italienske retter nogensinde - lasagnen. Uanset om du er en erfaren kok eller nybegynder, er denne kogebog spækket med nemme at følge opskrifter, der hjælper dig med at lave lækre lasagner, som hele din familie vil elske.

I denne bog finder du over 100 mundrette lasagneopskrifter, der vil tage dig med på en rejse med smag og tekstur. Fra klassiske tomat- og kødlasagner til vegetariske og glutenfrie retter, der er en opskrift for alle. Men det er ikke alt - vi viser dig også, hvordan du skaber unikke og kreative lasagner, der vil imponere dine gæster og få dem til at tigger om mere.

Det, der adskiller denne kogebog, er vores fokus på lagdeling. Vi tror på, at nøglen til en god lasagne er lagdelingsprocessen. Hvert lag skal være omhyggeligt udformet for at skabe en harmonisk balance mellem smag og tekstur. I denne bog vil vi lære dig vores hemmeligheder til at opnå de perfekte lasagnelag, så du kan tage dit lasagnespil til næste niveau.

Så hvis du er klar til at begynde at lægge lag og skabe den ultimative lasagne, så lad os komme i gang!

1. Lasagne i et krus

Ingredienser:
- 2 pasta lasagneplader, klar til servering
- 6 oz. Vand
- 1 tsk olivenolie eller madlavningsspray
- 3 spsk pizzasauce
- 4 spsk Ricotta eller hytteost
- 3 spsk spinat
- 1 spsk Cheddar ost
- Valgfrit: 2 spsk kogt pølse

Rutevejledning:

a) Knæk lasagnepladerne og læg dem ordentligt i kruset.

b) Spray med olivenolie, undgår at klæbe.

c) Dæk lasagne med vand.

d) Kog i 3-4 minutter i mikrobølgeovnen eller indtil pastaen ser mør ud.

e) Fjern vandet og stil pastaen til side.

f) Tilsæt pizzasauce i samme krus og læg et par stykker pasta i kruset.

g) Tilføj spinat, ricotta og pølse i lag.

h) Drys cheddarost på toppen.

i) Fortsæt lag igen begyndende med pasta.

j) Placer i mikrobølgeovnen og dæk med mikrobølgesikkert låg eller køkkenrulle for at undgå stænk.

k) Kog i mikrobølgeovnen i 3 minutter, eller indtil lasagnen er gennemvarmet.

l) Lad afkøle i 1-2 minutter og nyd smagen.

2. Vegansk tofu lasagne

Giver 6 portioner

ingredienser
- 12 ounce lasagne nudler
- 1 pund fast tofu, drænet og smuldret
- 1 pund blød tofu, drænet og smuldret
- 2 spsk ernæringsgær
- 1 tsk frisk citronsaft
- 1 tsk salt
- 1/4 tsk friskkværnet sort peber
- 3 spsk hakket frisk persille
- 1/2 kop vegansk parmesan elParmasio
- 4 kopper marinara sauce

Vejbeskrivelse
a) Forvarm ovnen til 350°F.

b) I en gryde med kogende saltet vand koger du nudlerne over medium-høj varme, mens du rører af og til, indtil de er lige al dente, cirka 7 minutter.

c) I en stor skål kombineres den faste og bløde tofus. Tilsæt næringsgær, citronsaft, salt, peber, persille og 1/4 kop parmesan. Bland indtil godt blandet.

d) Kom et lag af tomatsaucen i bunden af 9 x 13-tommers bageform. Top med et lag af de kogte nudler.

e) Fordel halvdelen af tofublandingen jævnt over nudlerne. Gentag med endnu et lag nudler efterfulgt af et lag sauce.

f) Fordel den resterende tofublanding ovenpå saucen og afslut med et sidste lag nudler og sauce. Drys med den resterende 1/4 kop parmesan. Hvis der er sauce tilbage, gem den og server den varm i en skål ved siden af lasagnen.

g) Dæk med folie og bag i 45 minutter. Fjern låget og bag 10 minutter længere.

h) Lad stå i 10 minutter før servering.

3. Butternut Squash Lasagne

Udbytte: 12 portioner
Samlet tid: 1 time
Sværhedsgrad: Moderat

ingredienser
- 9 lasagne nudler, kogte
- 5 kopper varm, krydret kartoffelmos,
- 2 (12-ounce) pakker butternut squash
- 1 1/2 dl ricottaost
- 1 tsk løgpulver
- 1/2 tsk muskatnød
- 1 tsk salt
- 1/2 tsk sort peber
- 1 kop franskstegte løg

Rutevejledning:
a) Forvarm ovnen til 350°F.
b) Brug madlavningsspray til at belægge en 9 x 13-tommers bageform.
c) Smid kartofler, butternut squash, ricottaost, løgpulver, muskatnød, salt og sort peber sammen i et stort rørebassin.
d) Læg 3 nudler i bunden af den bageform, der er lavet.
Fordel 1/3 af kartoffelblandingen over nudlerne. Gentag lag to gange mere.
e) Bages i 45 minutter med aluminiumsfolie på toppen; fjern folie og bag i yderligere 8 til 10 minutter, eller indtil brun og gennemvarmet.

4. <u>Virgin Lasagne</u>

Serverer 2

Ingredienser:
- 1-pund græsfodret oksekød, malet
- 1 1/2 kopper rød peberfrugt i tern
- 1 kop rødløg, i tern
- 1 25,5-ounce vegetabilsk pastasauce, delt
- 1 tsk hvidløgssalt
- 1 tsk tørret oregano
- 4 brune ris lasagne nudler, kogte
- 1 spsk kokosolie
- 1 kop zucchini, skåret i tern
- 1 kop broccoli, skåret i tern
- 1 kop babyspinat i tern
- 4 fed hvidløg, hakket

Rutevejledning:
a) Forvarm ovnen til 350 grader Fahrenheit.

b) Brun kødet i en nonstick-gryde, indtil det ikke længere er lyserødt.

c) Kombiner spaghetti sauce, rød peberfrugt, løg, hvidløgssalt og oregano i en stor røreskål. Læg dette til side indtil videre.

d) Opvarm olien i en stegepande og kog zucchini, broccoli, babyspinat og hvidløg i cirka 5 til 8 minutter.

e) I 8x8 bradepanden begynder du at lægge lasagnen i lag som følger: lasagnenudler, oksekødsblanding, grøntsagskombination, pastasauce, lasagnenudler, oksekødsblanding, grøntsagsblanding, lasagnenudler, oksekødsblanding, grøntsagsblanding og den resterende spaghetti-sauce.

f) Bages i 35 minutter, eller indtil de er varme og boblende.

5. Saucy Lasagne

Portioner: 4

Ingredienser:
- 1 ½ lb. smuldret krydret italiensk pølse
- 5 kopper købt spaghetti sauce
- 1 kop tomatsauce
- 1 tsk italiensk krydderi
- ½ kop rødvin
- 1 spiseskefulde. sukker
- 1 spiseskefulde. olie
- 5 hakkede hvidløgshandsker
- 1 hakket løg
- 1 kop revet mossarellaost
- 1 kop revet provolone ost
- 2 kopper ricottaost
- 1 kop hytteost
- 2 store æg
- ¼ kop mælk
- 9 nudler lasagne nudler – parboiled
- ¼ kop revet parmesanost

Rutevejledning:

a) Forvarm ovnen til 375 grader Fahrenheit.

b) Brun den smuldrede pølse i en stegepande i 5 minutter. Alt fedt skal kasseres.

c) I en stor gryde kombineres pastasauce, tomatsauce, italiensk krydderi, rødvin og sukker og blandes grundigt.

d) Varm olivenolien op i en stegepande. Svits derefter hvidløg og løg i 5 minutter.

e) Kom pølse, hvidløg og løg i saucen.

f) Dæk derefter gryden til og lad det simre i 45 minutter.

g) Kombiner mossarella- og provolone-ostene i en blandeskål.

h) Kombiner ricotta, hytteost, æg og mælk i en separat skål.

i) I en 9 x 13 bageform hældes 12 kopper sauce i bunden af fadet.

j) Arranger nu nudlerne, saucen, ricottaen og mossarellaen i bageformen i tre lag.

k) Fordel parmesanost over toppen.

l) Bages i et overdækket fad i 30 minutter.

m) Bages i yderligere 15 minutter, efter at fadet er afdækket.

6. Spinat Lasagne Krøller

Udbytte: 4 portioner

Ingredienser:

- 8 fuldkornslasagne nudler
- 1 spsk olivenolie
- 2 fed hvidløg, hakket
- 3 kopper frisk babyspinat, hakket
- 3/4 kop skummet ricottaost
- 2 spsk revet parmesanost
- 1 1/2 kopper tomatsauce med lavt natriumindhold, delt
- 1/2 kop delvis skummet mossarellaost

Rutevejledning:

a) Forvarm ovnen til 375 grader Fahrenheit. Brug madlavningsspray til at overtrække en 8 × 8-tommers ildfast fad.

b) Bring i kog i en stor gryde med vand. Kog lasagne nudler som anvist på pakken. Læg nudlerne på vokspapir til afkøling.

c) I en stor sauterpande opvarmes olien over medium varme. Kog i 30 sekunder efter tilsætning af hvidløg, tilsæt derefter den hakkede spinat og steg i 2 minutter, eller indtil lige visnet.

d) Tag spinaten af varmen og lad den køle af. Kombiner ricotta og parmesanost, når det er afkølet.

e) Hæld 1/2 kop tomatsauce i bunden af gryderetten.

f) Lav lasagnespiralerne ved at fordele 2 tsk spinatblanding på den første lasagne nudel og 1 spsk tomatsauce på toppen.

g) Start i den ene ende og rul nudlen i en spiralform fra ende til anden. Læg lasagnen med sømsiden nedad på den forberedte bageplade.

h) Gentag med resten af nudlerne og spinatblandingen.

i) Fordel den resterende 1/2 kop tomatsauce over spiralerne og top med mossarellaost.

j) Bages i 15-20 minutter, eller indtil osten er helt smeltet. God fornøjelse!

7. Aubergine Lasagne

Serverer 4-6

INGREDIENSER

- 2 store auberginer, skrællet og skåret på langs i strimler
- kokosnødolie
- salt og peber
- **KØDSAUCE**
- 2 kopper fedtfattig bondeost
- 2 æg
- 3 grønne løg, hakket
- 1 kop revet fedtfattig mossarellaost

VEJBESKRIVELSE

a) Forvarm ovnen til 425 grader.

b) Olie bagepapir og arrangere aubergine skive. Drys med salt og peber. Bag skiver 5 minutter på hver side. Sænk ovntemperaturen til 375.

c) Brun løg, kød og hvidløg i kokosolie i 5 minutter. Tilsæt svampe og rød peber, og kog i 5 minutter. Tilsæt tomater, spinat og krydderier og lad det simre i 5-10 minutter.

d) Blend bondeost, æg og løgblanding. Fordel en tredjedel af kødsovsen i bunden af en glaspande. Læg halvdelen af aubergineskiver og halvdelen bondeost i lag. Gentage. Læg det sidste lag sauce og derefter mossarella på toppen.

e) Dæk med folie. Bages ved 375 grader i en time. Fjern folien og bag indtil osten er brunet. Lad den hvile 10 minutter før servering.

8. Polenta Lasagne

INGREDIENSER
- Nonstick madlavningsspray
- 1 kop marinara sauce af høj kvalitet
- Cirka ½ rør forkogt polenta, skåret i tre ½ tomme tykke runder
- 3 spsk. plus 1 tsk. revet mossarellaost

RUTEVEJLEDNING:

a) Spray indersiden af en 16-oz. krus med madlavningsspray.

b) Tilsæt ¼ kop sauce til bunden af kruset, tilsæt derefter en omgang polenta og derefter 1 spsk. af osten. Gentag lagdeling to gange mere. Tilsæt den resterende ¼ kop sauce, derefter den resterende 1 tsk. af ost.

c) Dæk til og kog indtil det er varmt, cirka 3 minutter.

9. Linsellasagne

INGREDIENSER:

- 1 spsk olivenolie.
- 1 løg, hakket.
- 1 gulerod, skåret i skiver.
- 1 stangselleri, hakket.
- 1 fed hvidløg, presset.
- 2 x 400 g dåser linser, drænet, skyllet.
- 1 spsk majsmel.
- 400 g dåse hakket tomat.
- 1 tsk svampeketchup.
- 1 tsk skåret oregano (eller 1 tsk tørret).
- 1 tsk grøntsagsfond pulver.
- 2 blomkålshoveder, delt i buketter.
- 2 spiseskefulde usødet sojamælk.
- Knip nyrevet muskatnød.
- 9 tørrede ægfri lasagneplader.

RUTEVEJLEDNING:

a) Varm olien op i en gryde, tilsæt gulerod, selleri og løg, og forbered forsigtigt i 10-15 minutter, indtil de er bløde. Tilsæt hvidløg, kog i et par minutter, og rør derefter linser og majsmel i.

b) Tilsæt tomaterne plus en dåse fuld af vand, svampen catsup, oregano, lagerpulver og lidt krydderier. Lad det simre i 15 minutter under omrøring af og til.

c) Kog blomkålen i en gryde med kogende vand i 10 minutter eller indtil den er mør. Dræn rørene, og purér derefter med sojamælken med en stavblender eller madmølle. Krydr godt og læg muskatnød med.

d) Tilføj en anden tredjedel af linseblandingen, fordel derefter en tredjedel af blomkålspuréen ovenpå, efterfulgt af et lag pasta. Top med den sidste tredjedel linser og lasagne, efterfulgt af den resterende puré.

e) Dæk løst med folie og bag i 35-45 minutter, fjern folien i de sidste 10 minutter af madlavningen.

10. Rød Chard og Spinat Lasagne

Giver 6 portioner

Ingrediens
- 12 ounce lasagne nudler
- 1 spsk olivenolie
- 2 fed hvidløg, hakket
- 8 ounce frisk rød chard, seje stængler fjernet og groft hakket
- 9 ounce frisk babyspinat, groft hakket
- 1 pund fast tofu, drænet og smuldret
- 1 pund blød tofu, drænet og smuldret
- 2 spsk ernæringsgær
- 1 tsk frisk citronsaft
- 2 spsk hakket frisk fladbladet persille
- 1 tsk salt
- ¼ tsk friskkværnet sort peber
- 3 1/2 dl marinara sauce

RUTEVEJLEDNING:

a) I en gryde med kogende saltet vand koger du nudlerne over medium-høj varme, mens du rører af og til, indtil de er lige al dente, cirka 7 minutter. Forvarm ovnen til 350°F.

b) I en stor gryde varmes olien op over medium varme. Tilsæt hvidløg og kog indtil dufter. Tilsæt chard og kog under omrøring, indtil det er visnet, cirka 5 minutter. Tilsæt spinaten og fortsæt med at koge under omrøring, indtil den er visnet, cirka 5 minutter mere. Dæk til og kog indtil de er bløde, cirka 3 minutter. Afdæk og stil til afkøling. Når det er køligt nok til at kunne håndteres, skal du dræne eventuel resterende fugt fra greensene, trykke mod dem med en stor ske for at presse overskydende væske ud. Læg grøntsagerne i en stor skål. Tilsæt tofu'er, næringsgæren, citronsaft, persille, salt og peber. Bland indtil godt blandet.

c) Kom et lag af tomatsaucen i bunden af 9 x 13-tommers bageform. Top med et lag af nudlerne. Fordel halvdelen af tofublandingen jævnt over nudlerne. Gentag med endnu et lag nudler og et lag sauce. Fordel den resterende tofublanding oven på saucen og afslut med et sidste lag nudler, sauce og top med parmesan.

d) Dæk med folie og bag i 45 minutter. Fjern låget og bag 10 minutter længere. Lad stå i 10 minutter før servering.

11. Brændt grøntsagslasagne

Giver 6 portioner

Ingrediens

- 1 mellemstor zucchini, skåret i 1/4-tommers skiver
- 1 mellemstor aubergine, skåret i 1/4-tommers skiver
- 1 mellemstor rød peberfrugt, skåret i tern
- 2 spsk olivenolie
- Salt og friskkværnet sort peber
- 8 ounce lasagne nudler
- 1 pund fast tofu, drænet, duppet tør og smuldret
- 1 pund blød tofu, drænet, duppet tør og smuldret
- 2 spsk ernæringsgær
- 2 spsk hakket frisk fladbladet persille
- 31/2 dl marinara sauce, hjemmelavet

RUTEVEJLEDNING:

a) Forvarm ovnen til 425°F. Fordel zucchini, aubergine og peberfrugt på en let olieret 9 x 13-tommer bradepande. Dryp med olie og smag til med salt og sort peber. Rist grøntsagerne, indtil de er bløde og let brunede, cirka 20 minutter. Tag ud af ovnen og stil til afkøling. Sænk ovntemperaturen til 350°F.

b) I en gryde med kogende saltet vand koger du nudlerne over medium-høj varme, mens du rører af og til, indtil de er lige al dente, cirka 7 minutter. Dræn og sæt til side. I en stor skål kombineres tofuen med næringsgæren, persille og salt og peber efter smag. Bland godt.

c) For at samle skal du fordele et lag tomatsauce i bunden af en 9 x 13-tommers bageform. Top saucen med et lag nudler. Top nudlerne med halvdelen af de ristede grøntsager og fordel derefter halvdelen af tofublandingen over grøntsagerne. Gentag med endnu et lag nudler, og top med mere sauce. Gentag lagdelingsprocessen med de resterende grøntsager og tofublandingen, slut med et lag nudler og sauce. Drys parmesan på toppen.

d) Dæk til og bag i 45 minutter. Fjern låget og bag yderligere 10 minutter. Tag ud af ovnen og lad stå i 10 minutter før skæring.

12. Lasagne med Radicchio og svampe

Giver 6 portioner

Ingrediens

- 1 spsk olivenolie
- 2 fed hvidløg, hakket
- 1 lille hoved radicchio, strimlet
- 8 ounce cremini svampe, let skyllet, klappet tørre og tynde skiver
- Salt og friskkværnet sort peber
- 8 ounce lasagne nudler
- 1 pund fast tofu, drænet, duppet tør og smuldret
- 1 pund blød tofu, drænet, duppet tør og smuldret
- 3 spsk ernæringsgær
- 2 spsk hakket frisk persille
- 3 kopper marinara sauce, hjemmelavet

RUTEVEJLEDNING:

a) I en stor stegepande opvarmes olien over medium varme. Tilsæt hvidløg, radicchio og svampe. Dæk til og kog, under omrøring lejlighedsvis, indtil de er møre, cirka 10 minutter. Smag til med salt og peber og stil til side

b) I en gryde med kogende saltet vand koger du nudlerne over medium-høj varme, mens du rører af og til, indtil de er lige al dente, cirka 7 minutter. Dræn og sæt til side. Forvarm ovnen til 350°F.

c) I en stor skål kombineres den faste og bløde tofu. Tilsæt næringsgær og persille og bland, indtil det er godt blandet. Bland radicchio- og svampeblandingen i og smag til med salt og peber.

d) Kom et lag af tomatsaucen i bunden af 9 x 13-tommers bageform. Top med et lag af nudlerne. Fordel halvdelen af tofublandingen jævnt over nudlerne. Gentag med endnu et lag nudler efterfulgt af et lag sauce. Fordel den resterende tofublanding ovenpå og afslut med et sidste lag nudler og sauce. Drys toppen med malede valnødder.

e) Dæk med folie og bag i 45 minutter. Fjern låget og bag 10 minutter længere. Lad stå i 10 minutter før servering.

13. Lasagne Primavera

Gør 6 til 8 portioner

Ingrediens
- 8 ounce lasagne nudler
- 2 spsk olivenolie
- 1 lille gult løg, hakket
- 3 fed hvidløg, hakket
- 6 ounce silketofu, drænet
- 3 kopper almindelig usødet sojamælk
- 3 spsk ernæringsgær
- $1/8$ tsk stødt muskatnød
- Salt og friskkværnet sort peber
- 2 kopper hakkede broccolibuketter
- 2 mellemstore gulerødder, hakket
- 1 lille zucchini, halveret eller delt i kvarte på langs og skåret i
1/4-tommers skiver
- 1 mellemstor rød peberfrugt, hakket
- 2 pund fast tofu, drænet og duppet tør
- 2 spsk hakket frisk fladbladet persille
- $1/2$ kop vegansk parmesan elParmasio
- $1/2$ kop malede mandler eller pinjekerner

RUTEVEJLEDNING:

a) Forvarm ovnen til 350°F. I en gryde med kogende saltet vand koger du nudlerne over medium-høj varme, mens du rører af og til, indtil de er lige al dente, cirka 7 minutter. Dræn og sæt til side.

b) I en lille stegepande opvarmes olien over medium varme. Tilsæt løg og hvidløg, læg låg på og kog indtil de er bløde, cirka 5 minutter. Overfør løgblandingen til en blender. Tilsæt silketofu, sojamælk, næringsgær, muskatnød og salt og peber efter smag. Blend indtil glat og sæt til side.

c) Damp broccoli, gulerødder, zucchini og peberfrugt til de er møre. Fjern fra varmen. Smuldr den faste tofu i en stor skål. Tilsæt persillen og 1/4 kop parmesan og smag til med salt og peber. Bland indtil godt blandet. Rør de dampede grøntsager i og bland godt, tilsæt mere salt og peber, hvis det er nødvendigt.

d) Hæld et lag af den hvide sauce i bunden af let olieret 9 x 13-tommers bageform. Top med et lag af nudlerne. Fordel halvdelen af tofu- og grøntsagsblandingen jævnt over nudlerne. Gentag med endnu et lag nudler, efterfulgt af et lag sauce. Fordel den resterende tofublanding ovenpå og afslut med et sidste lag nudler og sauce, og slut med den resterende 1/4 kop parmesan.Dæk med folie og bag i 45 minutter.

14. Sort bønne- og græskarlasagne

Gør 6 til 8 portioner

Ingrediens
- 12 lasagne nudler
- 1 spsk olivenolie
- 1 mellemstor gult løg, hakket
- 1 mellemstor rød peberfrugt, hakket
- 2 fed hvidløg, hakket
- 11⁄2 kop kogte eller 1 (15,5 ounce) dåse sorte bønner, drænet og skyllet
- (14,5 ounce) dåse knuste tomater
- 2 tsk chilipulver
- Salt og friskkværnet sort peber
- 1 pund fast tofu, godt drænet
- 3 spsk hakket frisk persille eller koriander
- 1 (16-ounce) dåse græskarpuré
- 3 kopper tomatsalsa

RUTEVEJLEDNING:

a) I en gryde med kogende saltet vand koger du nudlerne over medium-høj varme, mens du rører af og til, indtil de er lige al dente, cirka 7 minutter. Dræn og sæt til side. Forvarm ovnen til 375°F.

b) I en stor stegepande opvarmes olien over medium varme. Tilsæt løget, læg låg på og kog indtil det er blødt. Tilsæt peberfrugt og hvidløg og steg indtil de er bløde, 5 minutter længere. Rør bønner, tomater, 1 tsk af chilipulveret og salt og sort peber i efter smag. Bland godt og stil til side.

c) I en stor skål kombineres tofu, persille, de resterende 1 tsk chilipulver og salt og sort peber efter smag. Sæt til side. Kombiner græskaret med salsaen i en mellemstor skål og rør det godt sammen. Smag til med salt og peber efter smag.

d) Fordel omkring ¾ kop af græskarblandingen i bunden af en 9 x 13-tommers bageform. Top med 4 af nudlerne. Top med halvdelen af bønneblandingen efterfulgt af halvdelen af tofublandingen. Top med fire af nudlerne, efterfulgt af et lag af græskarblandingen, derefter den resterende bønneblanding, toppet med de resterende nudler. Fordel den resterende tofublanding over nudlerne, efterfulgt af den resterende græskarblanding, fordel den til kanterne af gryden.

e) Dæk med folie og bag indtil det er varmt og boblende, cirka 50 minutter. Afdæk, drys med græskarkerner, og lad stå 10 minutter før servering.

15. Chard-fyldte Manicotti

Giver 4 portioner
Ingrediens

- 12 manicotti
- 3 spsk olivenolie
- 1 lille løg, hakket
- 1 mellemstor bundt mangold, seje stængler trimmet og hakket
- 1 pund fast tofu, drænet og smuldret
- Salt og friskkværnet sort peber
- 1 kop rå cashewnødder
- 3 cups plain unsweetened soy milk
- $1/8$ teaspoon ground nutmeg
- $1/8$ teaspoon ground cayenne
- 1 cup dry unseasoned bread crumbs

DIRECTIONS:

a) Preheat the oven to 350°F. Lightly oil a 9 x 13-inch baking dish and set aside.

b) In a pot of boiling salted water, cook the manicotti over medium-high heat, stirring occasionally, until al dente, about 8 minutes. Drain well and run under cold water. Set aside.

c) In a large skillet, heat 1 tablespoon of the oil over medium heat. Add the onion, cover, and cook until softened about 5 minutes. Add the chard, cover, and cook until the chard is tender, stirring occasionally, about 10 minutes. Remove from the heat and add the tofu, stirring to mix well. Season well with salt and pepper to taste and set aside.

d) I en blender eller foodprocessor, mal cashewnødderne til et pulver. Tilsæt 11/2 kop sojamælk, muskatnød, cayennenød og salt efter smag. Blend indtil glat. Tilsæt de resterende 11/2 dl sojamælk og blend indtil cremet. Smag til, juster eventuelt krydderier.

e) Fordel et lag af saucen på bunden af den tilberedte bradepande. Pak ca. 1/3 kop af chard-farsen i manicottien. Arranger de fyldte manicotti i enkelt lag i bageformen. Hæld den resterende sauce over manicottien. I en lille skål kombineres brødkrummerne og de resterende 2 spsk olie og drysses over manicotti. Dæk med folie og bag indtil det er varmt og boblende, cirka 30 minutter. Server straks.

16. Spinat Manicotti

Giver 4 portioner

Ingrediens

- 12 manicotti
- 1 spsk olivenolie
- 2 mellemstore skalotteløg, hakket
- 2 (10-ounce) pakker frossen hakket spinat, optøet
- 1 pund ekstra fast tofu, drænet og smuldret
- $1/4$ tsk stødt muskatnød
- Salt og friskkværnet sort peber
- 1 kop ristede valnøddestykker
- 1 kop blød tofu, drænet og smuldret
- $1/4$ kop ernæringsgær
- 2 kopper almindelig usødet sojamælk
- 1 kop tørre brødkrummer

RUTEVEJLEDNING:

a) Forvarm ovnen til 350°F. Olie let en 9 x 13-tommer bageplade. I en gryde med kogende saltet vand, kog manicotti over medium-høj varme, omrør lejlighedsvis, indtil al dente, cirka 10 minutter. Dræn godt af og kør under koldt vand. Sæt til side.

b) I en stor stegepande opvarmes olien over medium varme. Tilsæt skalotteløg og kog indtil de er bløde, cirka 5 minutter. Pres spinat for at fjerne så meget væske som muligt og tilsæt skalotteløgene. Smag til med muskatnød og salt og peber efter smag, og kog i 5 minutter under omrøring for at blande smag. Tilsæt den ekstra faste tofu og rør for at blande godt. Sæt til side.

c) I en foodprocessor forarbejdes valnødderne, indtil de er fint malet. Tilsæt den bløde tofu, næringsgær, sojamælk og salt og peber efter smag. Bearbejd indtil glat.

d) Fordel et lag af valnøddesaucen på bunden af den tilberedte bradepande. Fyld manicottien med farsen. Arranger de fyldte manicotti i enkelt lag i bageformen. Hæld den resterende sauce ovenpå. Dæk med folie og bag indtil det er varmt, cirka 30 minutter. Afdæk, drys med brødkrummer, og bag 10 minutter mere for at brune toppen let. Server straks.

17. Lasagne nålehjul

Giver 4 portioner

Ingrediens

- 12 lasagne nudler
- 4 kopper let pakket frisk spinat
- 1 kop kogte eller dåse hvide bønner, drænet og skyllet
- 1 pund fast tofu, drænet og duppet tør
- $1/2$ tsk salt
- $1/4$ tsk friskkværnet sort peber
- $1/8$ tsk stødt muskatnød
- 3 kopper marinara sauce, hjemmelavet

RUTEVEJLEDNING:

a) Forvarm ovnen til 350°F. I en gryde med kogende saltet vand, kog nudlerne ved middelhøj varme, omrør lejlighedsvis, indtil de er lige al dente, cirka 7 minutter.

b) Læg spinaten i et mikroovnsfad med 1 spsk vand. Dæk til og mikroovn i 1 minut indtil visnet. Tag den ud af skålen, pres den resterende væske ud.

c) Overfør spinaten til en foodprocessor og puls den til at hakke. Tilsæt bønner, tofu, salt og peber, og kør det godt sammen. Sæt til side.

d) For at samle nålehjulene skal du lægge nudlerne ud på en flad arbejdsflade. Fordel omkring 3 spiseskefulde tofu-spinatblanding på overfladen af hver nudel og rul sammen. Gentag med de resterende ingredienser. Fordel et lag af tomatsaucen i bunden af et lavt ildfast fad.

e) Placer rullerne oprejst oven på saucen og hæld noget af den resterende sauce på hvert hjul. Dæk med folie og bag i 30 minutter. Server straks.

18. Grøntsagslasagnegryde

Ingrediens

- 1 lille zucchini
- 1 lille gul squash
- 1 mellemstor løg
- 1 stor rød peberfrugt
- 5 ounce mossarellaost uden mælk i bøffel-stil
- 1/4 kop skiver udstenede, oliehærdede sorte oliven
- 1 tsk tørret basilikum
- 1 tsk havsalt
- 1/2 tsk tørret oregano
- 1/4 tsk rød peberflager
- 1/4 tsk stødt sort peber
- 1 (15-ounce) dåse tomatsauce
- 1/4 kop revet ikke-mælkefri parmesanost

RUTEVEJLEDNING:

a) Skær zucchini og gul squash på langs i 1/8- til 1/4-tommer tykke strimler. Del begge dele i to.

b) Skær løget i halvmåneskiver. Del skiverne i tre dele. Skær peberfrugten på langs i 1 1/2-tommer strimler. Del strimlerne i tre dele.

c) Skær mossarellaen i 1/4-tommers tern. Overfør terningerne til en lille skål og tilsæt oliven, basilikum, salt, oregano, rød peberflager og peber. Bland godt og del blandingen i tre dele.

d) Forvarm airfryeren til 360°F i 5 minutter. Spred 1/2 kop af tomatsaucen i bunden af en 6 til 7-tommers bradepande. Læg en del hver af zuchinni, squash, løg og peber ovenpå tomatsaucen. Tilsæt den første tredjedel af mossarellablandingen. Gentag denne proces for yderligere 2 lag. Drys det øverste lag med parmesan.

e) Dæk bradepanden med folie, overfør til airfryeren og kog ved 360°F i 15 minutter. Afdæk og kog i 10 minutter mere.

f) Serverer: 2 til 4

19. <u>Ratatouille lasagne</u>

SERVER 8-10

ingredienser

- Æggedej
- Ekstra jomfru oliven olie
- 3 fed hvidløg, hakket
- 1 kop (237 ml) rødvin
- 2 (28-oz [794-g]) dåser knust
- tomater
- 1 bundt basilikum
- Kosher salt
- Friskkværnet sort peber
- Olivenolie
- 1 aubergine, skrællet og skåret i små tern
- 1 grøn zucchini i små tern
- 1 sommersquash i små tern
- 2 tomater i små tern
- 4 fed hvidløg, skåret i skiver
- 1 rødløg, skåret i tynde skiver
- Kosher salt
- Friskkværnet sort peber
- 3 kopper (390 g) revet mossarella

Vejbeskrivelse

a) Forvarm ovnen til 350°F (177°C) og bring en stor gryde med saltet vand i kog.

b) Drys to plader med semuljemel. For at lave pastaen skal du rulle dejen ud, indtil arket er omkring 1,6 mm tykt.

c) Skær de udrullede ark i 12-tommer (30-cm) sektioner og læg dem på ark pander, indtil du har omkring 20 ark. Arbejd i partier, slip arkene i det kogende vand og kog indtil de er lige bøjelige, cirka 1 minut. Læg på køkkenrulle og dup tør.

d) For at lave saucen, i en gryde ved medium varme, tilsæt den ekstra jomfru olivenolie, hvidløg og sauter i cirka et minut, eller indtil den er gennemsigtig. Tilsæt rødvinen og lad den reducere til det halve. Tilsæt herefter de knuste tomater, basilikum samt salt og peber. Lad det simre ved lav temperatur i cirka 30 minutter.

e) For at lave fyldet, tilsæt i en stor sauterpande ved høj varme et skvæt olivenolie, aubergine, zucchini, squash, tomater, hvidløg og rødløg. Smag til med salt og friskkværnet sort peber.

f) Sæt saucen på bunden af en 9 × 13-tommer (22,9 × 33-cm) bradepande for at samle den. Læg pastapladerne ned, overlappende dem lidt og dækker bunden af fadet. Tilsæt ratatouille jævnt over pastapladerne og drys mossarella over toppen. Tilføj det næste lag pastaplader i den modsatte retning, og gentag disse lag, indtil du når toppen eller alt fyldet er brugt. Hæld lidt sauce jævnt over den øverste plade og drys med mere mossarella.

g) Sæt lasagnen i ovnen og steg i cirka 45 minutter til 1 time. Lad den køle af i cirka 10 minutter, inden den skæres og serveres.

20. Kållasagne

Udbytte: 8 portioner

Ingrediens
- 2 pund hakket oksekød
- 1 løg; hakket
- 1 grøn peber; hakket
- 1 mellemstor hovedkål; strimlet
- 1 tsk oregano
- 1 tsk salt
- ⅛ teskefuld peber
- 18 ounce tomatpure; ELLER
- Tomatpuré med italienske krydderier
- 8 ounce Mossarella ost; skåret i skiver

RUTEVEJLEDNING:

a) Svits hakkebøf, løg og grøn peber, indtil kødet er brunt. Dræn godt af.

b) Imens koges kålen mør, 2-5 minutter. Kombiner 2 kop flydende kål med oregano, salt, peber og tomatpure.

c) Simre eller mikroovn i 5 minutter. Tilsæt kød-grøntsagsblandingen. Lad det simre i 5 minutter mere. Hæld halvdelen af tomat-kødblandingen i en 13x9" gryde. Læg godt drænet kål på saucen og derefter resten af saucen. Top med skiveskåret ost, så det dækker.

d) Bages ved 400 F. i 25-40 minutter. Ost kan tilsættes i løbet af de sidste 5-10 minutter. Kan mikroovn i et stykke tid og derefter færdig i ovnen, for at reducere tilberedningstiden.

21. Chokolade lasagne

Udbytte: 6 portioner

Ingrediens

- 1¾ kop mel
- 2 spsk usødet kakaopulver
- 1 knivspids salt
- 2 ekstra store æg
- 2 teskefulde vegetabilsk olie
- 4 kopper sødmælksricottaost
- 2 kopper Tung creme
- 6 spiseskefulde sukker
- 1 spsk Appelsinskal
- 2 spsk Grand Marnier
- 1 knivspids salt
- 12 ounce bittersød chokolade, hakket

RUTEVEJLEDNING:

a) Kom mel, kakao og salt i en skål og lav en fordybning i midten. Tilsæt æg og olie i midten af brønden og bland med en gaffel for at danne dejen. Ælt dejen i 15 minutter, indtil den er glat og skinnende, tilsæt eventuelt mere mel for at forhindre, at dejen hænger fast.

b) Pak ind i plastfolie og lad hvile i en halv time. Rul pastaen ud i hånden eller med en maskine og skær den i otte 4-½ x 11-tommer strimler.

c) Kog to strimler ad gangen i kogende saltet vand. Kog kun 20 sekunder efter, at vandet koger tilbage. Dyp nudlerne i koldt vand for at stoppe kogningen. Når det er afkølet, læg på håndklæder i et enkelt lag for at dræne.

d) Bland alle ingredienserne til fyldet og bland til det er glat. For at samle: Forvarm ovnen til 425F med stativet i den øverste tredjedel af ovnen.

e) Smør generøst en 8"x11"x2" pande. Skift lag af nudler, ostefyld og chokolade, slut med et ostelag.

f) Bages i 20-25 minutter, indtil toppen er letfarvet. Lad lasagnen stå i 10 minutter for at stivne, og server den derefter varm.

22. Æble morgenmadslasagne

Udbytte: 6 portioner

Ingrediens
- 1 kop creme fraiche
- ⅓ kop brun farin; pakket
- 12 frosne fransk toast skiver
- ½ pund Kogt skinke
- 2½ kop cheddarost; strimlet
- 1 dåse æbletærtefyld
- 1 kop Granola

RUTEVEJLEDNING:

a) I en lille skål kombineres sukker og creme fraiche; dæk og stil på køl.

b) Læg 6 skiver fransk toast i bunden af en smurt 9 x 13 pande. Læg skinke, 2 kopper ost og de resterende 6 skiver fransk toast i en bradepande.

c) Fordel fyldet ovenpå; drys granola over æbler. Bages i forvarmet 350F ovn i 25 minutter.

d) Top med resterende ½ kop cheddarost; bag yderligere 5 minutter, indtil osten er smeltet og gryden er varm. Server med cremefraicheblanding

23. Klassisk Tofu Lasagne

Giver 6 portioner

Ingrediens
- 12 ounce lasagne nudler
- 1 pund fast tofu, drænet og smuldret
- 1 pund blød tofu, drænet og smuldret
- 2 spsk ernæringsgær
- 1 tsk frisk citronsaft
- 1 tsk salt
- 1⁄4 tsk friskkværnet sort peber
- 3 spsk hakket frisk persille
- 1⁄2 kop vegansk parmesan elParmasio
- 4 kopper marinara sauce, hjemmelavet

Rutevejledning:

a) I en gryde med kogende saltet vand koger du nudlerne over medium-høj varme, mens du rører af og til, indtil de er lige al dente, cirka 7 minutter. Forvarm ovnen til 350°F. I en stor skål kombineres den faste og bløde tofus. Tilsæt næringsgær, citronsaft, salt, peber, persille og 1⁄4 kop parmesan. Bland indtil godt blandet.

b) Kom et lag af tomatsaucen i bunden af 9 x 13-tommers bageform. Top med et lag af de kogte nudler. Fordel halvdelen af tofublandingen jævnt over nudlerne. Gentag med endnu et lag nudler efterfulgt af et lag sauce.

c) Fordel den resterende tofublanding ovenpå saucen og afslut med et sidste lag nudler og sauce. Drys med den resterende 1⁄4 kop parmesan. Hvis der er sauce tilbage, gem den og server den varm i en skål ved siden af lasagnen.

d) Dæk med folie og bag i 45 minutter. Fjern låget og bag 10 minutter længere. Lad stå i 10 minutter før servering.

24. Rød Chard og Baby Spinat Lasagne

Giver 6 portioner

Ingrediens

- 12 ounce lasagne nudler
- 1 spsk olivenolie
- 2 fed hvidløg, hakket
- 8 ounce frisk rød chard, seje stængler fjernet og groft hakket
- 9 ounce frisk babyspinat, groft hakket
- 1 pund fast tofu, drænet og smuldret
- 1 pund blød tofu, drænet og smuldret
- 2 spsk ernæringsgær
- 1 tsk frisk citronsaft
- 2 spsk hakket frisk fladbladet persille
- 1 tsk salt
- ¼ tsk friskkværnet sort peber
- 3 1/2 dl marinara sauce

Rutevejledning:

a) I en gryde med kogende saltet vand koger du nudlerne over medium-høj varme, mens du rører af og til, indtil de er lige al dente, cirka 7 minutter. Forvarm ovnen til 350°F.

b) I en stor gryde varmes olien op over medium varme. Tilsæt hvidløg og kog indtil dufter. Tilsæt chard og kog under omrøring, indtil det er visnet, cirka 5 minutter. Tilsæt spinaten og fortsæt med at koge under omrøring, indtil den er visnet, cirka 5 minutter mere.

c) Dæk til og kog indtil de er bløde, cirka 3 minutter. Afdæk og stil til afkøling. Når det er køligt nok til at kunne håndteres, skal du dræne eventuel resterende fugt fra greensene, trykke mod dem med en stor ske for at presse overskydende væske ud. Læg grøntsagerne i en stor skål. Tilsæt tofu'er, næringsgæren, citronsaft, persille, salt og peber. Bland indtil godt blandet.

d) Kom et lag af tomatsaucen i bunden af 9 x 13-tommers bageform. Top med et lag af nudlerne. Fordel halvdelen af tofublandingen jævnt over nudlerne. Gentag med endnu et lag nudler og et lag sauce. Fordel den resterende tofublanding oven på saucen og afslut med et sidste lag nudler, sauce og top med parmesan.

e) Dæk med folie og bag i 45 minutter. Fjern låget og bag 10 minutter længere. Lad stå i 10 minutter før servering.

25. Brændt grøntsagslasagne

Giver 6 portioner

Ingrediens

- 1 mellemstor zucchini, skåret i 1/4-tommers skiver
- 1 mellemstor aubergine, skåret i 1/4-tommers skiver
- 1 mellemstor rød peberfrugt, skåret i tern
- 2 spsk olivenolie
- Salt og friskkværnet sort peber
- 8 ounce lasagne nudler
- 1 pund fast tofu, drænet, duppet tør og smuldret
- 1 pund blød tofu, drænet, duppet tør og smuldret
- 2 spsk ernæringsgær
- 2 spsk hakket frisk fladbladet persille
- 31/2 dl marinara sauce, hjemmelavet

Rutevejledning:

a) Forvarm ovnen til 425°F. Fordel zucchini, aubergine og peberfrugt på en let olieret 9 x 13-tommer bradepande. Dryp med olie og smag til med salt og sort peber. Rist grøntsagerne, indtil de er bløde og let brunede, cirka 20 minutter. Tag ud af ovnen og stil til afkøling. Sænk ovntemperaturen til 350°F.

b) I en gryde med kogende saltet vand koger du nudlerne over medium-høj varme, mens du rører af og til, indtil de er lige al dente, cirka 7 minutter. Dræn og sæt til side. I en stor skål kombineres tofuen med næringsgæren, persille og salt og peber efter smag. Bland godt.

c) For at samle skal du fordele et lag tomatsauce i bunden af en 9 x 13-tommers bageform. Top saucen med et lag nudler. Top nudlerne med halvdelen af de ristede grøntsager og fordel derefter halvdelen af tofublandingen over grøntsagerne.

d) Gentag med endnu et lag nudler, og top med mere sauce. Gentag lagdelingsprocessen med de resterende grøntsager og tofublandingen, slut med et lag nudler og sauce. Drys parmesan på toppen.

e) Dæk til og bag i 45 minutter. Fjern låget og bag yderligere 10 minutter. Tag ud af ovnen og lad stå i 10 minutter før skæring.

26. Lasagne med Radicchio og svampe

Giver 6 portioner

Ingrediens

- 1 spsk olivenolie
- 2 fed hvidløg, hakket
- 1 lille hoved radicchio, strimlet
- 8 ounce cremini svampe, let skyllet, klappet tørre og tynde skiver
- Salt og friskkværnet sort peber
- 8 ounce lasagne nudler
- 1 pund fast tofu, drænet, duppet tør og smuldret
- 1 pund blød tofu, drænet, duppet tør og smuldret
- 3 spsk ernæringsgær
- 2 spsk hakket frisk persille
- 3 kopper marinara sauce, hjemmelavet

Rutevejledning:

a) I en stor stegepande opvarmes olien over medium varme. Tilsæt hvidløg, radicchio og svampe. Dæk til og kog, under omrøring lejlighedsvis, indtil de er møre, cirka 10 minutter. Smag til med salt og peber og stil til side

b) I en gryde med kogende saltet vand koger du nudlerne over medium-høj varme, mens du rører af og til, indtil de er lige al dente, cirka 7 minutter. Dræn og sæt til side. Forvarm ovnen til 350°F.

c) I en stor skål kombineres den faste og bløde tofu. Tilsæt næringsgær og persille og bland, indtil det er godt blandet. Bland radicchio- og svampeblandingen i og smag til med salt og peber.

d) Kom et lag af tomatsaucen i bunden af 9 x 13-tommers bageform. Top med et lag af nudlerne. Fordel halvdelen af tofublandingen jævnt over nudlerne. Gentag med endnu et lag nudler efterfulgt af et lag sauce. Fordel den resterende tofublanding ovenpå og afslut med et sidste lag nudler og sauce. Drys toppen med malede valnødder.

e) Dæk med folie og bag i 45 minutter. Fjern låget og bag 10 minutter længere. Lad stå i 10 minutter før servering.

27. Lasagne Primavera

Gør 6 til 8 portioner

Ingrediens

- 8 ounce lasagne nudler
- 2 spsk olivenolie
- 1 lille gult løg, hakket
- 3 fed hvidløg, hakket
- 6 ounce silketofu, drænet
- 3 kopper almindelig usødet sojamælk
- 3 spsk ernæringsgær
- 1/8 tsk stødt muskatnød
- Salt og friskkværnet sort peber
- 2 kopper hakkede broccolibuketter
- 2 mellemstore gulerødder, hakket
- 1 lille zucchini, halveret eller delt i kvarte på langs og skåret i 1/4-tommers skiver
- 1 mellemstor rød peberfrugt, hakket
- 2 pund fast tofu, drænet og duppet tør
- 2 spsk hakket frisk fladbladet persille
- 1/2 kop vegansk parmesan elParmasio
- 1/2 kop malede mandler eller pinjekerner

Rutevejledning:

a) Forvarm ovnen til 350°F. I en gryde med kogende saltet vand koger du nudlerne over medium-høj varme, mens du rører af og til, indtil de er lige al dente, cirka 7 minutter. Dræn og sæt til side.

b) I en lille stegepande opvarmes olien over medium varme. Tilsæt løg og hvidløg, læg låg på og kog indtil de er bløde, cirka 5 minutter. Overfør løgblandingen til en blender. Tilsæt silketofu, sojamælk, næringsgær, muskatnød og salt og peber efter smag. Blend indtil glat og sæt til side.

c) Damp broccoli, gulerødder, zucchini og peberfrugt til de er møre. Fjern fra varmen. Smuldr den faste tofu i en stor skål. Tilsæt persillen og 1/4 kop parmesan og smag til med salt og peber. Bland indtil godt blandet. Rør de dampede grøntsager i og bland godt, tilsæt mere salt og peber, hvis det er nødvendigt.

d) Hæld et lag af den hvide sauce i bunden af let olieret 9 x 13-tommers bageform. Top med et lag af nudlerne. Fordel halvdelen af tofu- og grøntsagsblandingen jævnt over nudlerne. Gentag med endnu et lag nudler, efterfulgt af et lag sauce.

e) Fordel den resterende tofublanding ovenpå og afslut med et sidste lag nudler og sauce, og slut med den resterende 1/4 kop parmesan.Dæk med folie og bag i 45 minutter.

28. Tex-mex lasagne

Gør 6 til 8 portioner

Ingrediens

- 12 lasagne nudler
- 3 kopper kogte eller 2 (15,5 ounce) dåser pinto bønner, drænet og skyllet
- 1 tsk tørret oregano
- 1 tsk chilipulver
- ½ tsk stødt spidskommen
- 1 pund fast tofu, drænet
- 1 (4-ounce) dåse hakket mild grøn chili, drænet
- ¼ kop udstenede sorte oliven i skiver
- 2 spsk hakket frisk koriander
- Salt og friskkværnet sort peber
- 4 kopper tomatsalsa, hjemmelavet

Rutevejledning:

a) I en gryde med kogende saltet vand koger du nudlerne over medium-høj varme, mens du rører af og til, indtil de er lige al dente, cirka 7 minutter. Dræn og sæt til side. Forvarm ovnen til 375°F.

b) Kombiner pinto bønner, oregano, chilipulver og spidskommen i en stor skål. Mos bønnerne godt og tilsæt krydderierne. Sæt til side. I en separat stor skål kombineres tofu, chili, grønne løg, oliven, koriander og salt og peber efter smag. Bland godt og stil til side.

c) Fordel 1/2 kop af salsaen i bunden af en 9 x 13-tommers bageform. Arranger 4 af nudlerne oven på salsaen. Fordel halvdelen af bønneblandingen over nudlerne, efterfulgt af endnu en 1/2 kop af salsaen. Top med 4 nudler efterfulgt af tofublandingen, fordel jævnt. Top med 1 kop af salsaen, efterfulgt af den resterende bønneblanding og top med de resterende nudler. Fordel den resterende salsa ovenpå.

d) Dæk med folie og bag indtil det er varmt og boblende, 45 til 50 minutter. Afdæk og lad stå 10 minutter før servering.

29. Sort bønne- og græskarlasagne

Gør 6 til 8 portioner

Ingrediens
- 12 lasagne nudler
- 1 spsk olivenolie
- 1 mellemstor gult løg, hakket
- 1 mellemstor rød peberfrugt, hakket
- 2 fed hvidløg, hakket
- 11/2 kop kogte eller 1 (15,5 ounce) dåse sorte bønner, drænet og skyllet
- (14,5 ounce) dåse knuste tomater
- 2 tsk chilipulver
- Salt og friskkværnet sort peber
- 1 pund fast tofu, godt drænet
- 3 spsk hakket frisk persille eller koriander
- 1 (16-ounce) dåse græskarpuré
- 3 kopper tomatsalsa

Rutevejledning:

a) I en gryde med kogende saltet vand koger du nudlerne over medium-høj varme, mens du rører af og til, indtil de er lige al dente, cirka 7 minutter. Dræn og sæt til side. Forvarm ovnen til 375°F.

b) I en stor stegepande opvarmes olien over medium varme. Tilsæt løget, læg låg på og kog indtil det er blødt. Tilsæt peberfrugt og hvidløg og steg indtil de er bløde, 5 minutter længere. Rør bønner, tomater, 1 tsk af chilipulveret og salt og sort peber i efter smag. Bland godt og stil til side.

c) I en stor skål kombineres tofu, persille, de resterende 1 tsk chilipulver og salt og sort peber efter smag. Sæt til side. Kombiner græskaret med salsaen i en mellemstor skål og rør det godt sammen. Smag til med salt og peber efter smag.

d) Fordel omkring ¾ kop af græskarblandingen i bunden af en 9 x 13-tommers bageform. Top med 4 af nudlerne. Top med halvdelen af bønneblandingen efterfulgt af halvdelen af tofublandingen.

e) Top med fire af nudlerne, efterfulgt af et lag af græskarblandingen, derefter den resterende bønneblanding, toppet med de resterende nudler.

f) Fordel den resterende tofublanding over nudlerne, efterfulgt af den resterende græskarblanding, fordel den til kanterne af gryden.

g) Dæk med folie og bag indtil det er varmt og boblende, cirka 50 minutter. Afdæk, drys med græskarkerner, og lad stå 10 minutter før servering.

30. Hvid Sauce Lasagne

Ingrediens

tomatsauce lag

- 6 spiseskefulde olivenolie
- 1 løg, hakket eller revet
- 1/2 lb. magert hakkebøf
- 3 fed hvidløg, hakket
- lille dåse tomatpure
- 6 kopper hakkede tomater, pureret i blender
- 2 tsk oregano
- 2 laurbærblade
- smag til med salt og peber

Hvid Sauce Lag

- 3 spiseskefulde smør
- 3 spiseskefulde mel
- 3- 1/2 kop mælk
- 8 oz. eller 2 kopper mossarellaost, revet
- Du skal også bruge:
- 1 lb. ovnklare lasagne nudler
- lasagne med hvid sauce

Vejbeskrivelse

a) For at forberede tomatsaucen, tilsæt olie til en stor stegepande og sauter løg, hvidløg og hakkebøf. Kog indtil oksekødet ikke længere er lyserødt, dræn fedtet fra og tilsæt varmen igen. Tilsæt tomater, tomatpure, oregano, laurbærblade og smag til med salt og peber. Lad det simre i 15-20 minutter, mens du forbereder den hvide sauce.

b) For at forberede den hvide sauce, smelt smør i en gryde. Pisk mel i for at lave en roux. Pisk mælk langsomt i og lad det koge og tykne i flere minutter. Fortsæt med at røre af og til. Efter flere minutter tilsæt ost og rør, indtil det er smeltet. Tag af varmen.

c) Hæld 1/2 kop eller mindre tomatsauce på bunden af en bageplade. Læg lasagne nudler over saucen. Fordel hvid sauce over nudlerne. Fortsæt med at lægge tomatsauce, nudler og hvid sauce i lag, indtil panden er fuld.

d) Sørg for, at dine nudler øverst har et lag væske, enten tomat eller hvid sauce, der dækker dem. Bages ved 350 grader i 30-40 minutter eller indtil nudlerne er møre.

31. Cottage Ost Lasagne

Ingrediens
Hytteostblanding

- 1 kop mossarellaost, revet
- 1 kop Gruyere ost, revet
- 2 kopper hytteost
- 3/4 kop revet parmesanost
- 2 spsk persille
- 1 spsk italiensk krydderi
- 1 æg, pisket
- knivspids salt og peber
- Reserver nogle Gruyere og mossarella til topping. I en røreskål blandes oste, æg og krydderier sammen. Rør sammen.

Ingredienser til Lasagne

- 12 hele lasagne nudler, kog efter pakkens anvisning
- 4 kopper spaghetti eller tomatsauce

Rutevejledning:

a) For at samle din lasagne, kog dine nudler eller brug klar til brug nudler. Hæld en lille smule spaghetti sauce i bunden af en grydeske.

b) Læg nudler, osteblanding og spaghetti sauce i lag. Fortsæt med at lave lag, indtil blandingen er væk. Top med resterende Gruyere og mossarella ost. Dæk løst med alufolie og bag ved 350 grader i 30 minutter.

c) Fjern folien og fortsæt med at bage 15 minutter, indtil osten er brunet.

32. Lasagne suppe

Ingrediens
- 1 kop vand
- 1 dåse tomatpure
- 2 fed hvidløg, hakket
- 1 grøn peberfrugt i små tern
- 1 løg, finthakket eller revet
- 28 oz. kan tomater, purerede eller hakkede
- 1½ tsk italiensk krydderi
- 2 Kop pasta, du kan finde små lasagne nudler kaldet mafalda, som er sjove at bruge
- suppe nudler

Rutevejledning:

a) Svits kød, grøn peber, hvidløg og løg i en stor gryde eller suppepande, indtil oksekødet er færdigt. Hæld fedtet fra og kom tilbage i gryden.

b) Rør tomater, tomatpure, vand og krydderier i. Tilsæt pasta og lad det simre indtil pastaen er færdig.

33. Pepperoni Lasagne

Portioner: 12

Ingrediens

- 3/4 lb. hakket oksekød
- 1/4 tsk kværnet sort peber
- 1/2 lb. salami, hakket
- 9 lasagne nudler
- 1/2 lb. pepperonipølse, hakket
- 4 C. revet mossarellaost
- 1 løg, hakket
- 2 C. hytteost
- 2 (14,5 oz.) dåser stuvede tomater
- 9 skiver hvid amerikansk ost
- 16 oz. tomatsovs
- revet parmesanost
- 6 oz. tomatpuré
- 1 tsk hvidløgspulver
- 1 tsk tørret oregano
- 1/2 tsk salt

Vejbeskrivelse

a) Steg din pepperoni, oksekød, løg og salami i 10 minutter. Fjern overskydende olie. Kom alt i din slow cooker på lavt med lidt peber, tomatsauce og pasta, salt, stuvede tomater, oregano og hvidløgspulver i 2 timer.

b) Tænd din ovn på 350 grader inden du fortsætter.

c) Kog din lasagne i saltvand, indtil den er al dente i 10 minutter, og fjern derefter alt vand.

d) I din bageform, læg et let dække af sauce og lag derefter: 1/3 nudler, 1 1/4 C. mossarella, 2/3 C. hytteost, amerikanske osteskiver, 4 tsk parmesan, 1/3 kød. Fortsæt indtil fadet er fyldt.

e) Kog i 30 minutter.

34. Spansk lasagne

Portioner: 12

Ingrediens

- 4 C. dåse hakkede tomater
- 1 (32 oz.) beholder ricottaost
- 1 (7 oz.) dåse grøn chili i tern
- 4 æg, let pisket
- 1 (4 oz.) dåse jalapenopeberfrugt i tern
- 1 (16 oz.) pakke revet på mexicansk stil fire 1 løg, i tern
- osteblanding
- 3 fed hvidløg, hakket
- 1 (8 oz.) pakke no-cook lasagne nudler
- 10 kviste frisk koriander, hakket
- 2 spsk stødt spidskommen
- 2 lbs. chorizo pølse

Rutevejledning:

a) Kog følgende i 2 minutter, og lad derefter simre ved lav temperatur i 55 minutter: koriander, tomater, spidskommen, grønne chili, hvidløg, løg og jalapenos.

b) Hent en skål, bland: sammenpisket æg og ricotta.

c) Indstil din ovn til 350 grader inden du fortsætter.

d) Steg dine chorizos. Fjern derefter overskydende olie og smuldr kødet.

e) I din bageform, læg et let dække af sauce og lag derefter: pølse, 1/2 af din sauce, 1/2 revet ost, lasagne nudler, ricotta, flere nudler, al den resterende sauce og mere revet ost.

f) Beklæd noget folie med nonstick-spray, og dæk lasagnen. Kog i 30 minutter tildækket og 15 minutter uden låg.

35. Vegansk Rigatoni basilikum

Portioner: 6

Ingrediens
- 1 1/2 (8 oz.) pakker rigatoni pasta
- 6 blade frisk basilikum, skåret i tynde skiver
- 2 spsk olivenolie
- 6 kviste frisk koriander, hakket
- 2 fed hvidløg, hakket
- 1/4 C. olivenolie
- 1/2 (16 oz.) pakke tofu, drænet og
- terninger
- 1/2 tsk tørret timian
- 1 1/2 tsk sojasovs
- 1 lille løg, skåret i tynde skiver
- 1 stor tomat i tern
- 1 gulerod, revet

Rutevejledning:
a) Kog pastaen efter anvisningen på pakken.

b) Stil en stor pande over medium varme. Opvarm 2 spiseskefulde olivenolie heri. Tilsæt hvidløg og kog det i 1 min 30 sek.

c) Rør timian med tofu. Kog dem i 9 min. Rør sojasaucen i og sluk for varmen.

d) Få en stor røreskål: Smid rigatoni, tofublanding, løg, tomat, gulerod, basilikum og koriander i den. Dryp olivenolien over pastasalaten og server den.

36. Klassisk lasagne

Portioner: 8

ingredienser

- 1 1/2 lbs. magert hakkebøf
- 2 æg, pisket
- 1 løg, i tern
- 1 pint delvis skummet ricottaost
- 2 fed hvidløg, hakket
- 1/2 C. revet parmesanost
- 1 spsk frisk basilikum i tern
- 2 spsk tørret persille
- 1 tsk tørret oregano
- 1 tsk salt
- 2 spsk brun farin
- 1 lb. mossarellaost, revet
- 1 1/2 tsk salt
- 2 spsk revet parmesanost
- 1 (29 oz.) dåse tomater i tern
- 2 (6 oz.) dåser tomatpure
- 12 tørre lasagne nudler

Rutevejledning:

a) Steg dine hvidløg, løg og oksekød i 3 minutter, og kom derefter i: tomatpasta, basilikum, tomater i tern, oregano, 1,5 tsk salt og brun farin.

b) Indstil nu din ovn til 375 grader, før du gør noget andet.

c) Begynd at koge din pasta i vand og salt i 9 minutter og fjern derefter alle væsker.

d) Få en skål, kombiner: 1 tsk salt, æg, persille, ricotta og parmesan.

e) Læg en tredjedel af pastaen i en ildfast fad og top det hele med halvdelen af osteblandingen, en tredjedel af saucen og 1/2 af mossarellaen.

f) Fortsæt med at lægge lag på denne måde, indtil alle ingredienserne er brugt op.

g) Top så det hele med lidt mere parmesan.

h) Bag lasagnen i ovnen i 35 minutter.

i) God fornøjelse.

37. Kald lasagne med fuldkornspasta

GØR 8 TIL 10 SERVERINGER

Ingrediens

- 1¼ pund (567 g) honeycomb tripe
- ¼ kop (60 ml) olivenolie
- ½ kop (84 g) finthakket gult løg
- ½ kop (51 g) finthakket selleri
- ½ kop (70 g) skrællet og finthakket gulerod
- 3 store hele San Marzano-tomater på dåse
- 4 kopper (946 ml) sødmælk
- 1½ kopper (150 g) revet parmesanost
- Kosher salt og friskkværnet sort peber
- 1¾ pund (794 g)Fuldæg og fuldkornsdej, rullet til ark, der er lidt mindre end 3 mm (⅛ tomme) tykke
- 4 kopper (946 ml)béchamel, opvarmet

Rutevejledning:

a) Bring en stor gryde saltet vand i kog for at koge indmaden. Tilsæt indmaden og kog uden låg ved jævnt kog i 1½ time. Tag gryden af varmen og lad indmaden køle af i væsken. Når indmaden er kølig nok til at håndtere, skal du fjerne den fra væsken og skære den i stykker ½ tomme (12 mm) brede. Kassér væsken og stil indmaden til side.

b) Varm olien op i en stor gryde ved middel varme. Tilsæt løg, selleri og gulerod og sved grøntsagerne, indtil de er møre, men ikke brunede, 4 til 6 minutter.

c) Tilsæt tomaterne, knus dem med hånden, mens du tilføjer dem til gryden. Kog blandingen, indtil tomaterne begynder at bryde ned, 6 til 8 minutter.

d) Hæld mælken i, hæv varmen til høj, og bring blandingen i kog. Tilsæt indmaden, skru ned for varmen til lav, dæk til og braiser indmaden under omrøring nu og da, indtil den er mør, og væsken reducerer lidt i volumen, cirka 2 timer.

e) Når blandingen er færdig, skal den have konsistens som en ragù. På det tidspunkt skal du fjerne gryden fra varmen og røre ½ kop (50 g) parmesan i. Smag ragù til, tilsæt salt og peber, indtil det smager godt for dig. Lad afkøle, indtil det er varmt og lidt tyknet.

f) Læg imens en pastaplade på en let meldrysset arbejdsflade og klip kanterne firkantede. Du vil skære dem til en 13 x 9-tommer (33 x 23 cm) pande. Hvis du har en pande af anden størrelse, skæres pastaen til, så den passer til panden.

g) Skær den første pastaplade i et stykke, der er cirka 76 cm lang og 7,5 til 10 cm bred.

h) Skær en anden pastaplade til de samme dimensioner, 30 tommer (76 cm) lang og 3½ til 4 tommer (7,5 til 10 cm) bred. Skær de resterende ark i stykker, der er cirka 35,5 cm lange og 10 cm brede. Du skal have 6 stk i alt. Mens du arbejder, skal du dugge pastaen let med vand og dække med rene køkkenruller for at forhindre, at den tørrer ud.

i) Hav en stor skål isvand klar. Bring en stor gryde med saltet vand i kog. Arbejd i partier for at forhindre trængsel, kom pastaen i og dæk gryden for hurtigt at bringe vandet i kog. Blancher pastaen i 30 sekunder. Brug en tang eller en edderkoppesi til at overføre hvert stykke til isvandet i ca. 30 sekunder for at stoppe tilberedningen, og læg derefter stykkerne fladt på køkkenruller og dup dem tørre.

j) Forvarm ovnen til 375°F (190°C). Smør en 13 x 9-tommer (33 x 23 cm) bradepande generøst. Arranger de to 30-tommer (76 cm) længder af pasta på langs og side om side i den forberedte bageform, og lad den ekstra længde hænge over den ene kant af fadet. Hæld cirka en fjerdedel (ca. 1 kop/237 ml) af ragù over pastaen, og hæld derefter cirka den samme mængde béchamel over ragù.

k) Drys med ¼ kop (25 g) parmesan. Top med et lag af to 14-tommer (35,5 cm) længder af pasta, efterfulgt af et lag ragù, et lag bechamel og et lag parmesan i samme mængder som de første lag. Gentag med endnu et lag 14-tommer (35,5 cm) længder af pasta, ragù, béchamel og parmesan.

l) Fold den overhængende pasta over toppen og læg enderne af disse længder over de andre ender i fadet for at forsegle lasagnen som en pakke. Top med et sidste lag ragù, béchamel og parmesan, igen i samme mængder som de første lag.

m) Bag lasagnen, indtil den er gyldenbrun på toppen, 45 minutter til 1 time. Tag det ud af ovnen og lad det stå i 15 til 20 minutter, og skær det derefter i firkanter eller rektangler.

38. Klassisk lasagne

Portioner: 12

Ingrediens
- 1 lb. sød italiensk pølse
- 1 spsk salt
- 3/4 lb. magert hakkebøf
- 1/4 tsk kværnet sort peber
- 1/2 C. hakket løg
- 4 spiseskefulde frisk persille i tern
- 2 fed hvidløg, knust
- 12 lasagne nudler
- 1 (28 oz.) dåse knuste tomater
- 16 oz. ricotta ost
- 2 (6 oz.) dåser tomatpure
- 1 æg
- 2 (6,5 oz.) dåser tomatsauce på dåse
- 1/2 tsk salt
- 1/2 C. vand
- 3/4 lb. mossarellaost, skåret i skiver
- 2 spsk hvidt sukker
- 3/4 C. revet parmesanost
- 1 1/2 tsk tørrede basilikumblade
- 1/2 tsk fennikelfrø
- 1 tsk italiensk krydderi

Rutevejledning:
a) Steg hvidløg, pølse, løg og oksekød, indtil kødet er helt færdigt. Tilføj derefter: 2

b) Spisske persille, knuste tomater, peber, tomatpure, 1 spsk salt, tomatsauce, italiensk krydderi, vand, fennikelfrø, sukker og basilikum.

c) Få blandingen til at koge, sæt varmen til lav, og lad indholdet koge forsigtigt i 90 minutter. Rør blandingen mindst 4 gange.

d) Lad nu pastaen koge i vand og salt i 9 minutter og fjern derefter væskerne.

e) Få en skål, kombiner: 1/2 tsk salt, ricotta, resten af persillen og æggene.

f) Indstil din ovn til 375 grader, før du gør noget andet.

g) Beklæd bunden af en ildfast fad med 1,5 C. af kød- og tomatblandingen og læg derefter seks stykker lasagne ovenpå.

h) Tilsæt halvdelen af osteblandingen og derefter 1/3 af mossarellaen.

i) Tilsæt 1,5 C. tomatkødblanding igen og en kvart C. parmesan.

j) Fortsæt med at lægge lag på denne måde, indtil alle ingredienserne er brugt op.

k) Prøv at afslutte med mossarella og parmesan.

l) Tag et stort stykke folie og beklæd det med nonstick-spray, dæk derefter gryderetten med folie og kog alt i ovnen i 30 minutter.

m) Tag nu folien af og fortsæt med at koge lasagnen i 20 minutter mere.

39. Svampe- og spinatlasagne med stegepande

Gør:8 portioner

Ingredienser:
- 16 ounces ricottaost, hel
- ¼ kop basilikum, frisk og hakket
- 1 æg, stort
- 8 ounces italiensk osteblanding, strimlet
- 2 ounce parmesanost
- Et skvæt salt og sort peber
- 3 spiseskefulde. olivenolie, ekstra jomfru
- 12 ounce shiitakesvampe
- 1 sødt løg, skåret i tynde skiver
- 1 rød peberfrugt, skåret i tynde skiver
- 5 ounce spinat, baby og frisk
- 2 fed hvidløg
- 1, 8 ounce dåse tomater, brændt og skåret i tern
- 12 lasagne nudler, ingen bage
- 10 ounce alfredosauce, lys

Rutevejledning:
a) Varm først ovnen op til 400 grader.

b) Mens ovnen varmer op, brug en stor skål og tilsæt hele ricottaost, hakket basilikum, stort æg, 1 kop italiensk osteblanding og ¼ kop parmesanost. Rør godt sammen, og krydr med en sjat salt og sort peber.

c) Stil en stor stegepande over medium til høj varme. Tilsæt 1 spsk olivenolie. Når olien er varm nok tilsættes svampene. Kog i 5 til 7 minutter eller indtil lysebrun.

d) Tilføj endnu en spiseskefuld olivenolie i gryden. Når olien er varm nok, tilsættes løg i skiver og peberfrugt i skiver. Kog i 4 til 6 minutter eller indtil de er bløde. Overfør til en stor skål.

e) I skålen tilsættes svampe og tomater. Rør godt sammen, og krydr med en sjat salt og sort peber.

f) Tør panden ren og tilsæt den resterende olivenolie. Læg 4 lasagne nudler i bunden af gryden. Top af med 1/3 af grøntsagsblandingen.

g) Fordel ricottablandingen over toppen og hæld Alfredo saucen over toppen. Gentag dette lag to gange mere. Top af med den resterende italienske osteblanding og resterende parmesanost.

h) Sæt i ovnen for at bage i 30 minutter eller indtil gyldenbrun. Fjern og server med et drys basilikum i skiver.

40. Tomatlasagne med oliven tapenade

Gør:6 portioner

Ingredienser:

- 4 spiseskefulde. usaltet smør
- 2 Vidalia løg, store og tynde skiver
- Et skvæt salt og sort peber
- 1 ½ tsk. af hvidt sukker
- 12 lasagne nudler
- 3 spiseskefulde. olivenolie, ekstra jomfru
- 6 spiseskefulde. af oliven tapenade, sort
- 2 tomater, oksekød
- 2 kviste rosmarin, frisk
- 8 ounces mossarellaost, revet
- 1 baguette, fransk

Rutevejledning:

a) Sæt en mellemstor stegepande over lav til medium varme. Tilsæt 2 spiseskefulde smør, og når smørret er smeltet, tilsættes de snittede løg og en smule salt. Kog i 10 minutter eller indtil løgene er brune.

b) Tilsæt hvidt sukker og skru op for medium varme. Kog i 5 minutter, eller indtil løgene begynder at blive brune.

c) Tilsæt derefter 3 spiseskefulde vand og afglasér stegepanden. Fortsæt med at koge i 5 til 8 minutter, eller indtil løgene er godt karamelliserede. Sæt til side.

d) I løbet af denne tid skal du placere en stor gryde fyldt med saltet vand over medium til høj varme. Bring vandet i kog og tilsæt lasagnenudlerne. Kog i 8 til 10 minutter, eller indtil lasagnenudlerne er bløde. Dræn og læg tilbage i gryden. Dryp 1 spsk olivenolie over toppen af nudlerne.

e) Varm derefter ovnen op til 350 grader. Mens ovnen varmer op, smører du et stort fad med olivenolie.

f) Læg 3 nudler i bunden af bageformen. Fordel 2 spsk af tapenade over nudlerne. Tilsæt derefter 1/3 af tomaterne, 1 tsk rosmarin, et skvæt sort peber, 1/3 af de karamelliserede løg og ½ kop mossarellaost. Gentag med yderligere to lag og læg 3 mere lasagne nudler ovenpå. Dryp den resterende olivenolie over toppen.

g) Dæk bageformen med en plade alufolie. Sæt den i ovnen for at bage i 50 minutter eller indtil den er gennemstegt.

h) Riv baguetten fra hinanden i store brødkrummer.

i) Stil derefter en stor stegepande over medium varme. Tilsæt det resterende smør, og når smørret er smeltet tilsættes brødkrummerne. Kast til belægning og kog i 5 til 10 minutter eller indtil let ristet.

j) Tag lasagnen ud af ovnen og top af med rasp og den resterende mossarellaost. Sæt tilbage i ovnen for at bage i 5 minutter, eller indtil osten er helt smeltet.

k) Tag ud af ovnen og lad hvile i 10 minutter før servering.

41. Kogle- og spinatlasagne

Gør:8 portioner

Ingredienser:
- Noget madlavningsspray
- 9 lasagne nudler, ukogte
- 1 løg, hakket
- 4 fed hvidløg, hakket
- 1, 14,5 ounce dåse grøntsagsbouillon
- 1 spiseskefulde. rosmarin, frisk og groft hakket
- 1, 14 ounce dåse artiskokhjerter, drænet og hakket
- 1, 10-ounce pakke spinat, frosset, optøet, hakket og drænet
- 1, 28 ounce krukke tomatsauce
- 3 kopper mossarellaost, revet og jævnt fordelt
- 1, 4 ounce pakke fetaost, urter og hvidløg og smuldret

Rutevejledning:
a) Varm først ovnen op til 350 grader. Mens ovnen varmer op, spray en stor bageplade med lidt madlavningsspray.

b) Stil en stor gryde fyldt med saltet vand over høj varme. Når vandet begynder at koge, tilsættes nudlerne. Kog i 8 til 10 minutter eller indtil de er bløde. Dræn pastaen og stil til side.

c) Stil en stor stegepande på medium til høj varme. Spray med lidt madlavningsspray, og når panden er varm nok tilsættes løg og hvidløg. Kog i 3 minutter eller indtil løget er mørt.

d) Tilsæt dåsen med grøntsagsbouillon og frisk rosmarin. Rør for at blande og bring denne blanding i kog. Tilsæt artiskokhjerter og afdryppet spinat.

e) Reducer varmen til lav og dæk til. Kog i 5 minutter, før du tilsætter pastasaucen.

f) Fordel ¼ af artiskokblandingen i bunden af bageformen. Top denne blanding af med 3 af de kogte lasagne nudler. Drys ¾ kop mossarellaost over nudlerne. Gentag disse lag to gange mere, og sørg for at afslutte med artiskok og mossarellaost. Top af med smuldret fetaost.

g) Sæt i ovnen til at bage i 40 minutter, mens de er dækket med et ark aluminiumsfolie. Fjern arket med aluminiumsfolie og fortsæt med at bage i yderligere 15 minutter.

h) Fjern og lad stå i 10 minutter før servering.

42. Hvidløgsrejer Alfredo Bage

Gør:4 portioner

Ingredienser:

- 10 ounce penne
- 3 spiseskefulde. af smør
- 3 fed hvidløg, hakket
- 1 pund rejer, pillet og deveiret
- 3 spiseskefulde. persille, frisk og groft hakket
- 2 spiseskefulde. af universalmel
- ¾ kop mælk, hel
- ¼ kop hønsebouillon, lavt natriumindhold
- 1 kop mossarellaost, revet
- ¼ kop + 2 spsk. parmesanost, revet
- Et skvæt sort peber og salt
- 2 tomater, store og hakkede

Rutevejledning:

a) Varm ovnen op til 350 grader.

b) Mens ovnen varmer op, stil en stor gryde med vand krydret med salt over høj varme. Bring i kog. Når vandet koger, tilsæt penne og kog i 8 til 10 minutter eller indtil det er mørt. Når den er blød, drænes pastaen og stilles til side.

c) Stil en stor stegepande over medium varme. Tilsæt en skefuld smør. Når smørret er smeltet tilsættes hakket hvidløg, pillede rejer og hakket persille. Krydr med et skvæt salt og steg i 2 minutter på hver side, eller indtil du kan se de er lyserøde. Fjern og overfør rejerne til en stor tallerken.

d) Tilsæt det resterende smør i gryden. Når det er smeltet tilsættes melet og piskes til det er glat. Kog i 1 til 2 minutter eller indtil gylden farve.

e) Tilsæt sødmælk og kyllingebouillon med lavt natriumindhold. Rør for at blande og bring denne blanding til at simre. Tilsæt ¾ kop revet mossarellaost og ¼ kop revet parmesanost. Rør godt rundt og fortsæt med at koge indtil cremet i konsistensen. Smag til med en sjat salt og sort peber.

f) Tilsæt rejerne tilbage i gryden sammen med tomater og kogt penne. Kast for at blande. Tilsæt mere mælk, hvis saucen er for tyk.

g) Hæld pastablandingen i et stort ovnfast fad. Drys den resterende mossarella og parmesanost over toppen.

h) Sæt i ovnen for at bage i 5 til 7 minutter, eller indtil osten er helt smeltet.

i) Skift ovnen til at stege og steg retten i 3 minutter, eller indtil toppen er gylden i farven.

j) Fjern og server straks med et pynt af hakket persille.

43. Caprese fyldte pastaskaller

Gør: 4 portioner

Ingredienser:

- 15 jumboskaller
- 2 kopper ricottaost
- 1 kop mossarellaost, revet
- ¾ kop soltørrede tomater, olivenolie pakket, hakket og jævnt fordelt
- 2 spiseskefulde. af basilikum, frisk og hakket
- Et skvæt salt og sort peber
- ½ kop hønsebouillon, lavt natriumindhold
- ½ kop tung fløde

Rutevejledning:

a) Varm ovnen op til 350 grader.

b) Mens ovnen varmer op, stil en stor suppegryde med saltet vand over høj varme. Bring i kog. Når vandet begynder at koge, tilsættes pastaskallerne. Kog efter anvisningen på pakken, indtil de er møre. Dræn og stil til afkøling.

c) Brug en stor røreskål og tilsæt ricottaost, revet mossarellaost, hakket basilikum og halvdelen af tomaterne. Smag til med en sjat salt og sort peber. Rør godt for at blande.

d) Brug derefter en lille pande, sat over lav varme, til at tilføje kyllingebouillon, fløde og de resterende tomater. Bring denne blanding til et lavt kogepunkt og kog i 5 minutter.

e) Hæld saucen i et stort ovnfast fad.

f) Hæld ricottaostblandingen ind i skallerne og tilsæt i bageformen. Hæld noget af saucen over skallerne.

g) Sæt i ovnen for at bage i 20 minutter, eller indtil osten er smeltet. Fjern og server straks.

44. Bucatini med pesto og søde kartofler

Gør:4 portioner

Ingredienser:

- 1 sød kartoffel, skrællet og skåret i tern
- 1 rødløg, skåret i små tern
- 1/3 kop + 2 spsk. olivenolie, jævnt fordelt
- Et skvæt salt og sort peber
- 4 kopper grønkål, frisk og revet
- ½ kop persille, flade blade og frisk
- 2 ounce parmesanost, friskrevet og ekstra til servering
- 1 fed hvidløg
- 2 teskefulde. af citronskal
- 1½ spiseskefulde. af citronsaft, frisk
- 12 ounce bucatini
- Pinjekerner, let ristede og til servering

Rutevejledning:

a) Varm først ovnen op til 425 grader.

b) Mens ovnen varmer op, brug en stor bageplade og tilsæt kartofler i tern, løgbåde og to spiseskefulde olivenolie. Kast for at blande. Smag til med en sjat salt og sort peber.

c) Sæt i ovnen for at bage i 24 til 26 minutter, eller indtil kartoflerne og løgbåde er bløde.

d) I løbet af denne tid lægges grønkål og hakket persille i en foodprocessor. Puls 5 gange eller indtil hakket. Tilsæt derefter parmesanost, hvidløgsfed, frisk citronskal og frisk citronsaft. Puls igen i yderligere 12 gange.

e) Dryp langsomt den resterende 1/3 kop olivenolie i blandingen og fortsæt med at pulsere. Smag til med en sjat salt og sort peber.

f) Kog derefter pastaen i kogende vand, indtil den er blød. Når den er kogt, drænes pastaen og stilles til side. Sørg for at reservere ¼ kop af pastavandet.

g) Tilsæt den kogte pasta, frisklavet pesto og ristede grøntsager i en stor skål. Kast for at blande. Hæld pastavandet i og vend igen for at blande.

h) Server straks med en topping af parmesanost og de ristede pinjekerner.

45. Bøffel Kylling Alfredo Bage

Gør:6 portioner

Samlet forberedelsestid:55 minutter

Ingredienser:

- ¼ kop bøffelsauce
- 2 kopper rotisserie kylling i tern
- 15 ounce alfredosauce
- 8 ounces mossarellaost, revet
- 16 ounce skalpasta, kogt

Rutevejledning:

a) Varm først ovnen op til 350 grader.

b) Mens ovnen varmer op, brug en lille skål og tilsæt bøffelsauce og kylling i tern. Rør godt for at blande og sæt til side.

c) Brug en separat medium skål til at tilføje alfredosauce, kogt skalpasta og 3 ounces mossarellaost. Rør godt for at blande og sæt til side.

d) Hæld halvdelen af pastablandingen i en stor ovnfast fad. Top af med kyllingeblandingen og dæk med den resterende pastablanding. Drys den resterende mossarellaost over toppen.

e) Dæk med et ark aluminiumsfolie. Sæt i ovnen for at bage i 30 minutter.

f) Efter dette tidspunkt skal du fjerne aluminiumsfolien og fortsætte med at bage i yderligere 5 til 10 minutter, eller indtil osten er smeltet og boblende.

g) Tag ud af ovnen og lad hvile i 5 minutter før servering.

46. Queso Mac og ost

Gør:8 portioner

Ingredienser:
- 1 pund albuemakaroni
- Et skvæt salt og sort peber
- 12 ounce amerikansk ost, hvid
- 8 ounce cheddarost, ekstra skarp
- 6 spiseskefulde. usaltet smør
- 6 spiseskefulde. af universalmel
- 4 kopper mælk, hel
- 2, 8 ounce dåser tomater og grøn chili i tern
- 1, 8 ounce dåse grøn chili, mild
- ½ kop korianderblade, friske og groft hakket
- 1 kop tortillachips, knust
- ½ teskefulde. af chilipulver

Rutevejledning:

a) Varm først ovnen op til 425 grader.

b) Mens ovnen varmer op, koges pastaen i en gryde med vand efter anvisningen på pakken. Når pastaen er kogt, drænes den og stilles til side.

c) Tilsæt den amerikanske ost og cheddarost i en mellemstor skål. Rør godt for at blande.

d) Placer en stor hollandsk ovn over medium varme. Tilsæt usaltet smør. Når smørret er smeltet tilsættes melet. Pisk indtil glat og kog i 1 minut. Tilsæt mælken og pisk for at blande. Fortsæt med at koge i 8 minutter, eller indtil det har en tyk konsistens.

e) Tilsæt dåsetomater og chili. Kog i 2 minutter, før den tages af varmen.

f) Tilsæt 4 kopper af osteblandingen og rør godt, indtil det er glat i konsistensen.

g) Tilsæt den kogte pasta og koriander. Rør godt rundt for at blande og krydr med en sjat salt og sort peber.

h) Overfør denne blanding til en stor smurt ovnfast fad.

i) Tilsæt tortillachips, pulveriseret chili og den resterende kop ost i en lille skål. Rør godt rundt for at blande og drys over toppen af pastaen.

j) Sæt i ovnen for at bage i 12 til 15 minutter.

k) Fjern og server med en garniture af koriander.

47. Cremet kylling og broccoli pesto sløjfebånd

Gør:4 portioner

Ingredienser:

- 2 kopper broccoli, skåret i buketter
- Et skvæt salt og sort peber
- 1 bundt basilikum, frisk og groft hakket
- 2 fed hvidløg
- ¼ kop olivenolie, ekstra jomfru
- 2 teskefulde. af citronskal, frisk
- 3 ounces parmesanost, frisk revet
- 4 ounce mascarpone
- 2 kopper rotisserie kylling, strimlet
- 1/3 kop pekannødder, ristede og hakkede
- ½ pund farfalle
- ¼ teskefulde. af røde peberflager, knuste

Rutevejledning:

a) Kog først broccolien i lidt saltet vand i en stor gryde sat over medium varme. Kog i 5 minutter eller indtil de er bløde. Overfør til en stor skål.

b) Tilsæt pastaen ved siden af vandet og kog efter anvisningen på pakken. Når pastaen er kogt, drænes pastaen og stilles til side.

c) Brug en foodprocessor og tilsæt hakket basilikum, fed hvidløg, knuste røde peberflager og parmesanost. Puls på højeste indstilling, indtil den er hakket. Tilsæt derefter broccolien og puls 4 til 6 gange, indtil den er hakket groft. Smag til med en sjat salt og sort peber.

d) Kom pestoen i en stor skål sammen med mascarponen. Tilsæt den kogte pasta og rør rundt. Tilsæt kyllingen og fold den forsigtigt sammen, så den bliver inkorporeret.

e) Server straks.

48. Spaghetti med rødløg og bacon

Gør: 6 portioner

Ingredienser:

- Et skvæt salt og sort peber
- 1 pund spaghetti
- 1 ¼ pund bacon, tykt skåret
- 1 rødløg, medium og i tynde skiver
- 1, 8 ounce dåse tomater, hele og skrællede
- .13 teskefulde. af røde peberflager, knuste
- 1½ ounce Pecorino Romano

Rutevejledning:

a) Fyld en stor gryde med saltet vand. Sæt over medium varme og bring vandet i kog. Når det koger, tilsæt spaghettien og kog i 8 til 10 minutter, eller indtil den er mør. Når den er kogt, drænes den og stilles til side.

b) Stil en stor stegepande over medium varme. Tilsæt bacon og steg i 5 minutter eller indtil det er blødt.

c) Tilsæt derefter det snittede rødløg og steg videre i 10 minutter, eller indtil løgene er gennemsigtige.

d) Tilsæt dåsetomater og knuste røde peberflager. Rør godt for at blande og fortsæt med at koge i 8 minutter eller indtil saucen er reduceret.

e) Tilsæt pastaen og ¼ kop pastavand i gryden. Rør godt rundt for at blande.

f) Smag til med en sjat salt og peber. Server med et drys Pecorino Romano.

49. Pasta med pølse og broccoli Rabe

Gør: 6 portioner

Ingredienser:

- 12 ounce italiensk kyllingepølse
- 2 spiseskefulde. olivenolie, ekstra jomfru
- 1 bundt broccoli rabe
- ½ pund cavatelli pasta
- 4 fed hvidløg

Rutevejledning:

a) Læg kyllingepølsen og ½ kop vand i en stor stegepande. Sæt stegepanden over lav til medium varme. Dæk til og lad koge i 10 minutter. Efter denne tid drænes pølsen. Skær pølsen i 1/3 tomme skiver.

b) Brug den samme stegepande, tilsæt olivenolie og sæt den over medium til høj varme. Tilsæt kyllingepølsen og steg i 6 minutter, eller indtil den er brun i farven. Fjern og læg pølsen på en stor tallerken.

c) Stil en stor gryde med vand krydret med salt over medium varme. Tilsæt broccoli rabe og kog i 1 til 2 minutter, eller indtil bladene er visnet lidt. Flyt broccolien over i et stort dørslag og afdryp.

d) Tilsæt cavatelli i gryden og kog efter anvisningen på pakken.

e) Brug den samme stegepande placeret over medium til høj varme, tilsæt broccoli rabe og hvidløg. Kog i 4 minutter eller indtil broccolien er blød. Tilsæt pølsen og skru ned for varmen.

f) Si den kogte cavatelli og gem ½ kop pastavand. Tilsæt vandet i gryden og pastaen. Afglat panden og vend for at blande.

g) Fjern fra varmen og server straks.

50. <u>Makaroni og Gruyere ost</u>

Gør:8 portioner

Ingredienser:

- 1 pund albuemakaroni
- 3 kopper gruyere ost, revet
- 3 kopper halv og halv
- 4 æggeblommer, store
- 3 spiseskefulde. usaltet smør
- Et skvæt salt

Rutevejledning:

a) Varm først ovnen op til 325 grader.

b) Mens ovnen varmer op, stil en stor suppegryde med saltet vand over medium til høj varme. Bring vandet i kog. Når vandet koger tilsættes makaronien. Kog efter anvisningen på pakken. Når den er kogt, drænes makaronien og skylles under rindende vand. Dræn og kom i en stor skål.

c) Tilsæt 2 og 2/3 kopper Gruyere ost i skålen med de kogte makaroni. Kast for at blande.

d) Brug en lille skål og tilsæt de halve og halve, store æggeblommer og 3 spsk smeltet smør. Rør godt for at blande og hæld denne blanding over den kogte pasta.

e) Overfør denne blanding til en stor ovnfast fad. Dæk med et ark aluminiumsfolie.

f) Sæt i ovnen for at bage i 30 minutter. Tag derefter makaronifadet ud af ovnen. Drys den resterende Gruyere over toppen.

g) Sæt tilbage i ovnen for at bage i 20 til 25 minutter, eller indtil toppen er gylden. Fjern og server straks.

51. Fuld hvede spaghetti med cherrytomater

Gør:6 portioner

Ingredienser:

- 2 pints tomater, kirsebær
- skvæt salt og sort peber
- 1 kvist timianblade, friske
- ½ kop olivenolie, ekstra jomfru
- 1 tsk. olivenolie, ekstra jomfru
- 1 pund spaghetti, fuld hvede
- 1/3 kop persille, frisk og groft hakket
- 6 spiseskefulde. af ricotta ost

Rutevejledning:

a) Varm først ovnen op til 325 grader.

b) Mens ovnen varmer op, læg tomaterne på en stor bradepande. Smag til med et skvæt salt og et drys timianblade. Dryp ¼ kop olivenolie over toppen.

c) Sæt dem i ovnen for at stege i 20 til 25 minutter eller indtil de er bløde.

d) Stil en stor gryde med saltet vand over medium varme. Bring vandet i kog. Når det koger tilsættes spaghettien. Kog i 8 til 10 minutter eller indtil de er bløde. Dræn og kom i en stor skål.

e) Tilsæt hakket persille, ¼ kop olivenolie og ristede tomater i skålen med den kogte spaghetti. Smag til med en sjat salt og sort peber. Kast for at blande.

f) Server straks med 1 spsk ricottaost og en teskefuld olivenolie dryppet over toppen.

52. FettuccinAlfredo

Gør:6 portioner

Ingredienser:

- 24 ounce fettuccini pasta, tør
- 1 kop smør
- ¾ pint tung fløde
- Et skvæt salt og sort peber
- Et skvæt hvidløgssalt
- ¾ kop Romano ost, revet
- ½ kop parmesanost, revet

Rutevejledning:

a) Fyld en stor gryde med saltet vand. Sæt over medium til høj varme og bring vandet i kog. Når vandet koger, tilsæt fettuccini-pastaen og kog i 8 til 10 minutter, eller indtil den er blød. Når den er blød, drænes pastaen og stilles til side.

b) Brug derefter en stor gryde og sæt den over svag varme. Tilsæt smørret. Når smørret er smeltet tilsættes den tunge fløde.

c) Smag saucen til med en sjat salt og sort peber. Smag til med en sjat hvidløgssalt.

d) Tilsæt romano og parmesanost. Rør til osten er smeltet og tyk i konsistensen.

e) Tilsæt pastaen til saucen og rør rundt.

f) Fjern fra varmen og server straks.

53. <u>Makaroni og ost med kylling</u>

Gør: 4 portioner

Samlet forberedelsestid: 1 time og 20 minutter

Ingredienser:

- 3 spiseskefulde. usaltet smør
- 1½ tsk havsalt
- Et skvæt sort peber og salt
- ½ pund pennepasta
- 1 spiseskefulde. olivenolie, ekstra jomfru
- 1 løg, lille og i tynde skiver
- 1½ kop mossarellaost, røget og revet
- 1 ½ kop stegt kylling, kogt og strimlet
- 1 kop Parmigiano-Reggiano ost, revet
- 1 spiseskefulde. rosmarin, frisk og groft hakket
- 3 spiseskefulde. af universalmel
- 2 ½ kopper mælk, hel
- 2 fed hvidløg

Rutevejledning:

a) Varm først ovnen op til 450 grader. Mens ovnen varmer op, smør en stor ovnfast fad.

b) Stil en stor gryde fyldt med saltet vand over medium til høj varme. Når vandet koger tilsættes penne-pastaen. Kog i 11 minutter eller indtil pastaen er blød. En gang blød. Dræn pastaen og kør under koldt vand. Dræn pastaen igen og kom den i en stor skål.

c) Sæt en mellemstor stegepande over medium varme. Tilsæt olivenolien og når olien er varm nok, tilsæt løg i skiver og en knivspids havsalt. Kog i 10 minutter eller indtil løget er blødt og gyldent. Tilsæt løget til pastaen og rør rundt for at blande.

d) Tilsæt mossarellaost, stegt kylling, 2/3 kop parmesanost og frisk rosmarin i skålen med pasta og løg. Kast for at blande.

e) Brug en mellemstor gryde og sæt over lav til medium varme. Tilsæt smørret. Når smørret er smeltet tilsættes universalmelet. Pisk i 3 minutter eller indtil glat. Tilsæt derefter mælken og fortsæt med at piske indtil det er blandet.

f) Tilsæt hvidløgsfed og 1 ½ tsk. af havsalt. Rør for at blande og bring blandingen til at simre. Reducer varmen til lav og fortsæt med at koge, mens du pisker, indtil blandingen er tyk i konsistensen. Smid hvidløgsfedene ud og tilsæt saucen til pastaen.

g) Smag til med et skvæt peber. Kast for at dække pastaen.

h) Overfør blandingen i den smurte bradepande.

i) Drys den resterende parmesanost over toppen og krydr med et skvæt peber.

j) Sæt i ovnen for at bage i 12 til 15 minutter eller indtil guld. Fjern og lad stå i 15 minutter før servering.

54. Rigatoni med pølse, ærter og svampe

Gør:6 portioner

Ingredienser:
- 1 ¼ pund italiensk pølse, sød
- Et skvæt salt og sort peber
- 12 ounce rigatoni
- 12 hvide svampe, store
- ½ kop hvidvin, tør
- 1 fed hvidløg, hele
- 1 kvist timian, frisk
- Timianblade, til pynt
- 1½ kop ærter, friske
- 1 kop tung fløde
- 2 spiseskefulde. usaltet smør

Rutevejledning:

a) Stil en stor stegepande over medium varme. Tilsæt pølsen og 1 ¼ dl vand. Kog i 10 minutter, før de overføres til et skærebræt. Skær i tykke mønter. Smid vandet ud.

b) Brug den samme stegepande over medium til høj varme, tilsæt pølsemønterne og steg i 3 til 4 minutter på hver side, eller indtil de er brune. Fjern og læg på en stor tallerken.

c) I løbet af denne tid skal du stille en stor gryde fyldt med saltet vand over høj varme. Når vandet koger tilsættes rigatonien. Kog efter anvisningen på pakken og dræn derefter. Sørg for at reservere 1/3 kop af pastavandet. Sæt til side.

d) Tilsæt svampene i samme stegepande ved middel til høj varme. Kog i pølsefedtet i 8 minutter eller indtil de er gyldenbrune.

e) Tilsæt den tørrede vin og afglasér bunden af gryden.

f) Tilsæt pølsen i gryden. Tilsæt det reserverede pastavand og friske ærter. Tilsæt den tunge fløde og rør for at blande. Fortsæt med at koge i 6 til 8 minutter, eller indtil blandingen er tyk i konsistensen. Fjern timian og hvidløg.

g) Tilsæt smørret og smag til med en sjat salt og sort peber.

h) Tilsæt den kogte rigatoni og vend til belægning. Kog i 2 til 3 minutter.

i) Tag af varmen og server med et pynt af timian.

55. Klassisk Penne a la Vodka

Gør:6 portioner

Samlet forberedelsestid:45 minutter

Ingredienser:

- 2 spiseskefulde. olivenolie, ekstra jomfru
- 2 fed hvidløg, hakket
- 1, 28 ounce dåse tomater, hele og skrællede
- ½ kop basilikum, frisk og groft hakket
- Et skvæt salt og sort peber
- ¼ kop vodka
- 1 pund pennepasta
- 1 pint tung fløde

Rutevejledning:

a) Stil en stor stegepande over medium varme. Tilsæt olivenolien og når olien er varm nok tilsættes hvidløget. Kog i 1 til 2 minutter.

b) Tilsæt tomaterne og bræk dem med en gaffel.

c) Tilsæt den hakkede basilikum og smag til med en sjat salt og sort peber. Kog under kog i 15 minutter.

d) Tilsæt vodkaen og rør det godt sammen. Fortsæt med at lave mad i yderligere 15 minutter.

e) I løbet af denne tid laver du pastaen. For at gøre dette skal du stille en stor gryde fyldt med saltet vand over høj varme. Når vandet begynder at koge, tilsættes penne-pastaen. Kog i 8 til 10 minutter eller indtil de er bløde. Dræn og sæt til side.

f) Tilsæt den tunge fløde i saucen og fortsæt med at koge i 10 minutter.

g) Fjern fra varmen og tilsæt den kogte pasta. Blend for at blande og server straks.

56. Hummer- og nudelgryde

Gør:4 portioner

Samlet forberedelsestid:1 time

Ingredienser:

- 2 hummere, friske
- 3 spiseskefulde. af salt
- ½ teskefulde. af salt
- 3 spiseskefulde. af smør
- 1 skalotteløg
- 1 spiseskefulde. af tomatpure
- 3 fed hvidløg
- ¼ kop brandy
- ½ kop tung fløde
- 1 tsk. af sort peber
- ½ pund ægnudler
- 1 spiseskefulde. af citronsaft, frisk
- 6 kviste timian

Rutevejledning:

a) Den første ting, du vil gøre, er at koge hummerne. For at gøre dette skal du fylde en stor skål halvt med isvand. Sæt til side.

b) Stil derefter en stor gryde med vand over høj varme. Tilsæt 3 spsk salt og bring vandet i kog. Når vandet koger, dyppes i hummerne. Reducer varmen til lav og kog under låg i 4 minutter.

c) Efter dette tidspunkt overføres hummerne straks til det forberedte isbad.

d) Når de er afkølet, åbnes skallerne og kødet fjernes fra halen og kløerne. Stil skallerne til side.

e) Skær hummerkødet i små stykker. Sæt til side.

f) Varm først ovnen op til 350 grader. Mens ovnen varmer op, tag fat i en stor bageplade og overtræk med 1 kop mel og smør.

g) Stil en mellemstor stegepande over middel varme og tilsæt smørret. Når smørret er smeltet tilsættes skalotteløget. Kog i 1 til 2 minutter eller indtil de er bløde.

h) Tilsæt derefter de reserverede pastaskaller, tomatpure og hvidløg. Rør godt for at blande og kog i 5 minutter.

i) Tag gryden af varmen og tilsæt brandy. Sæt tilbage over varmen og pisk for at blande. Reducer varmen til lav og tilsæt 1½ dl vand. Lad koge videre i 15 minutter eller indtil den er tyk i konsistensen.

j) Si blandingen og tilsæt fløden, ½ tsk. salt og 1 tsk. af sort peber.

k) Hæld fløden tilbage i gryden og tilsæt æggenudler, kogt hummerkød og frisk citronsaft. Kast til belægning.

l) Hæld blandingen i den forberedte bageform. Dæk med et stykke aluminiumsfolie og sæt det i ovnen for at bage i 20 minutter, eller indtil hummerkødet er helt gennemstegt.

m) Fjern og server straks med et pynt af timiankviste.

57. Sløjfer med pølse, tomater og fløde

Gør:6 portioner

Ingredienser:

- 1, 12-ounce pakke butterfly-pasta
- 2 spiseskefulde. olivenolie, ekstra jomfru
- 1 pund italiensk pølse, sød, tarme fjernet og smuldret
- ½ teskefulde. af røde peberflager, knuste
- ½ kop løg, i tern
- 3 fed hvidløg, hakket
- 1, 28 ounce dåse blommetomater, italienske, drænet og hakket groft
- 1½ kop tung fløde
- ½ teskefulde. af salt
- 3 spiseskefulde. persille, frisk og hakket

Rutevejledning:

a) Placer først en stor gryde fyldt med saltet vand over høj varme. Bring vandet i kog og tilsæt butterflypastaen. Kog i 8 til 10 minutter eller indtil de er bløde. Dræn og sæt til side.

b) Stil en stor stegepande over medium varme. Tilsæt olivenolien. Når olien er varm nok, tilsættes pølse og knuste røde peberflager. Kog i 5 til 10 minutter eller indtil brun.

c) Tilsæt derefter det hakkede løg og hakket hvidløg. Rør godt for at blande og steg videre i 5 minutter, eller indtil løget er blødt.

d) Tilsæt tomater, tung fløde og ½ teskefulde. af salt. Rør for at blande og lad koge under kog i 8 til 10 minutter.

e) Efter denne tid tilsættes den kogte pasta og røres til belægning. Kog i 1 til 2 minutter eller indtil rygende varm.

f) Fjern fra varmen og server straks med et drys frisk persille.

58. Tyrkiet og Porcini Tetrazzini

Gør:6 portioner

Ingredienser:
- 1 pakke porcini svampe, tørret
- 2 ½ kop stegt kalkun, stor
- 8 ounce ægnudler, brede
- 3 spiseskefulde. olivenolie, ekstra jomfru
- 3 spiseskefulde. skalotteløg, hakket
- 1 tsk. af timianblade, friske og hakkede
- Knip cayennepeber
- 3 spiseskefulde. af universalmel
- 2 ½ kopper mælk, hel
- 1 spiseskefulde. af cognac
- ¼ teskefulde. af salt
- ½ kop parmesanost, revet
- ½ kop brødkrummer

Rutevejledning:

a) Varm først ovnen op til 325 grader.

b) Mens ovnen varmer op, tilsættes svampene i en stor skål. Dæk med vand og læg i blød i et par minutter. Efter denne tid, dræn og reserver 1 ½ kop af iblødsætningsvæsken. Skær svampene i små stykker og kom dem i en stor skål.

c) I skålen tilsættes de ristede kalkun og ægnudler. Kast for at blande.

d) Stil en stor stegepande over medium varme. Tilsæt et strejf af olivenolie. Når olien er varm nok, tilsættes de snittede skalotteløg. Kog i 5 minutter eller indtil de er bløde. Tilsæt de friske timianblade og en knivspids cayennepeber. Fortsæt med at stege i 2 minutter, eller indtil skalotteløgene er gyldne.

e) Tilsæt derefter universalmelet og kog i 1 til 2 minutter, eller indtil det er brunet.

f) Tilsæt sødmælk, cognac og reserveret iblødsætningsvæske. Afglat bunden af gryden og krydr med ¼ teskefulde. af salt.

g) Bring blandingen i kog og hæld derefter nudelblandingen over. Kast til belægning.

h) Overfør denne blanding i en stor bageform og dæk med et ark aluminiumsfolie. Sæt i ovnen for at bage i 25 minutter.

i) Brug derefter en lille skål og tilsæt revet parmesanost og brødkrummer. Rør godt for at blande.

j) Tag gryden ud af ovnen og drys brødkrummeblandingen over toppen. Sæt tilbage i ovnen for at bage i 10 minutter eller indtil gylden.

59. Pasta med tomater og mossarella

Gør: 4 portioner

Samlet forberedelsestid: 30 minutter

Ingredienser:

- ½ pund mossarellaost, frisk
- ½ teskefulde. af havsalt
- 1 kop olivenolie, ekstra jomfru
- 4 spiseskefulde. af smør
- 1 kop Vidalia-løg, skåret i tynde skiver
- ¼ kop hvidløg, hakket
- 1 pund pennepasta
- 4 kopper tomater, modnet vin
- ¾ kop Romano ost
- ½ kop basilikum, frisk og hakket

Rutevejledning:

a) Brug en lille skål og tilsæt mossarellaost og ½ tsk. af salt. Rør for at blande og sæt til side.

b) Fyld en medium gryde med vand og sæt den derefter over høj varme. Bring vandet i kog.

c) Stil en stor stegepande over medium til høj varme. Tilsæt olie og smør. Når smørret er helt smeltet tilsættes løg og hvidløg. Reducer varmen til lav. Kog i 10 minutter eller indtil de er bløde.

d) Tilsæt pastaen i det kogende vand. Kog i 8 til 10 minutter eller indtil de er bløde. Dræn og sæt til side.

e) Tilsæt tomaterne til løg og hvidløg. Øg varmen til medium eller høj. Fortsæt med at koge i 5 minutter eller indtil de er bløde.

f) Tilsæt den kogte pasta i tomat- og løgblandingen. Kast til belægning.

g) Fjern fra varmen og tilsæt mossarellablandingen og ¼ kop af Romano-osten. Rør godt sammen indtil osten er smeltet.

60. Cremet Pesto Rejepasta

Gør:8 portioner

Samlet forberedelsestid:30 minutter

Ingredienser:

- 1 pund linguine pasta
- ½ kop smør
- 2 kopper kraftig piskefløde
- ½ teskefulde. af sort peber
- 1 kop parmesanost, revet
- 1/3 kop pesto
- 1 pund rejer, store, pillede og deveirede

Rutevejledning:

a) Stil en stor suppegryde fyldt med saltet vand over høj varme. Bring vandet i kog. Når det koger, tilsæt pastaen og kog i 9 til 11 minutter, eller indtil den er blød. Når den er blød, drænes pastaen og stilles til side.

b) Stil en stor stegepande over medium varme. Tilsæt smørret. Når smørret er smeltet tilsættes den tunge fløde. Smag til med ½ tsk. af sort peber og rør for at blande. Kog i 6 til 8 minutter, og sørg for at røre ofte.

c) Tilsæt parmesanosten i saucen. Rør godt, indtil det er blandet.

d) Tilsæt pestoen og kog i 5 minutter eller indtil den er tyk i konsistensen.

e) Tilsæt rejerne og kog i 5 minutter, eller indtil de er lyserøde. Fjern fra varmen.

f) Server saucen over den kogte pasta og nyd med det samme.

61. Spinat og tomat tortellini

Gør:6 portioner

Samlet forberedelsestid:40 minutter

Ingredienser:

- 1, 16-ounce pakke tortellini, ost
- 1, 14,5 ounce dåse tomater med hvidløg og løg i tern
- 1 kop spinat, frisk og groft hakket
- ½ teskefulde. af salt
- ¼ teskefulde. af sort peber
- 1 ½ tsk. basilikum, tørret
- 1 tsk. hvidløg, hakket
- 2 spiseskefulde. af universalmel
- ¾ kop mælk, hel
- ¾ kop tung fløde
- ¼ kop parmesanost, revet

Rutevejledning:

a) Fyld en stor suppegryde med vand og sæt den over høj varme. Bring vandet i kog og tilsæt derefter tortellinien. Kog pastaen til den er mør. Dette bør tage 10 minutter.

b) Mens tortellinien koger, stil en stor gryde over medium varme. Tilsæt spinat, dåsetomater, salt og sort peber, tørret basilikum og hakket hvidløg. Rør for at blande og kog i 5 minutter, eller indtil blandingen begynder at boble på overfladen.

c) Brug derefter en stor skål og tilsæt universalmel, sødmælk og fløde. Rør for at blande og hæld i gryden. Tilsæt parmesanosten. Pisk indtil glat og kog i 2 minutter eller indtil tyk i konsistensen.

d) Dræn pastaen og kom den i gryden med saucen. Rør til belægning og fjern fra varmen. Server straks.

62. Cajun Kylling Pasta

Gør: 2 portioner

Ingredienser:

- 4 ounces linguine pasta
- 2 kyllingebryst, uden skind, uden ben og skåret i halve
- 2 teskefulde. af Cajun-krydderi
- 2 spiseskefulde. af smør
- 1 rød peberfrugt i tynde skiver
- 4 svampe, friske og i tynde skiver
- 1 tynde skiver grøn peberfrugt
- 1 grønt løg, hakket
- 1 kop tung cremet
- ¼ teskefulde. basilikum, tørret
- ¼ teskefulde. af citronpeber
- ¼ teskefulde. af salt
- 1/8 tsk. hvidløg, pulveriseret
- 1/8 tsk. af sort peber
- ¼ kop parmesanost, friskrevet

Rutevejledning:

a) Stil en stor gryde fyldt med saltet vand over høj varme. Når vandet begynder at koge, tilsættes pastaen. Kog i 8 til 10 minutter eller indtil de er bløde. Dræn pastaen og stil til side.

b) Læg kyllingen og Cajun-krydderierne i en stor Ziploc-pose. Ryst kraftigt for at belægge.

c) Stil derefter en stor stegepande over medium varme. Tilsæt kylling og smør. Kog i 5 til 7 minutter eller indtil de er møre.

d) Tilsæt tyndt skåret rød peberfrugt, champignon, tyndt skåret grøn peberfrugt og grønt løg i skiver. Kog i 2 til 3 minutter eller indtil de er bløde. Reducer varmen til lav.

e) Tilsæt den tunge fløde, hakket basilikum, citronpeber, salt, hvidløgspulver og sort peber. Rør godt for at blande.

f) Tilsæt den kogte pasta og rør rundt. Fortsæt med at koge i yderligere et minut eller indtil rygende varm.

g) Fjern fra varmen og server straks med et drys parmesanost.

63. Pebrede rejer Alfredo

Gør: 6 portioner
Samlet forberedelsestid: 50 minutter
Ingredienser:

- 12 ounce penne pasta
- ¼ kop smør
- 2 spiseskefulde. olivenolie, ekstra jomfru
- 1 løg, i tern
- 2 fed hvidløg, hakket
- 1 peberfrugt, rødfarvet og skåret i tern
- ½ pund Portobello-svampe i tern
- 1 pund rejer, pillet og deveiret
- 1, 15-ounce krukke Alfredo sauce
- ½ kop Romano ost, revet
- ½ kop tung fløde
- 1 tsk. af cayennepeber
- Et skvæt salt og sort peber
- ¼ kop persille, frisk og groft hakket

Rutevejledning:

a) Stil en stor suppegryde fyldt med saltet vand over høj varme. Når vandet begynder at koge, tilsættes pastaen. Kog i 9 til 11 minutter eller indtil de er bløde. Dræn pastaen og stil til side.

b) I løbet af denne tid placer en stor stegepande over medium varme. Tilsæt olivenolie og smør. Når smørret er smeltet tilsættes løget. Kog i 2 minutter eller indtil de er bløde.

c) Tilsæt hvidløg, rød peber i tern og champignon. Rør for at blande og kog i 2 minutter eller indtil de er bløde.

d) Tilsæt rejerne. Rør for at blande og kog i 4 minutter eller indtil de er bløde.

e) Hæld langsomt Alfredosauce, revet ost og tung fløde i. Rør forsigtigt for at blande og bring denne blanding til at simre. Kog i 5 minutter eller indtil tyk i konsistensen.

f) Krydr blandingen med cayennepeber, et skvæt salt og et skvæt sort peber.

g) Tilsæt den kogte pasta og rør rundt for at blande.

h) Tag af varmen og server straks med en pynt af hakket persille.

64. Lasagne Verde

SERVER 6

Ingredienser:

- 1 Pasta Verde
- 5 til 6 kopper bechamel
- 2 pund friske brændenælder, eller brændenælder og spinat, eller brændenælder og mangold eller anden kombination af grønt
- 1 mellemstor gult løg, finthakket
- 2 spsk ekstra jomfru olivenolie
- Havsalt og friskkværnet sort peber
- 2 til 3 spsk usaltet smør
- 1 kop friskrevet parmigiano-reggiano

Rutevejledning:

a) Lav først pastadejen.

b) Mens dejen hviler laves béchamel.

c) Lav nu fyldet: Pluk grøntsager over (hvis du bruger brændenælder, før du håndterer dem med bare hænder, blancher dem for at fjerne brodden), fjern eventuelle gule eller visne grøntsager og fjern blade fra seje stængler. Skær det grønne i bånd.

d) Kom løg og olie i bunden af en kraftig gryde og sæt den over medium-lav varme. Kog under omrøring, indtil løget er blødt, og rør derefter grønt i håndfulde, lad hver håndfuld falde sammen og visne lidt, før du tilføjer mere. Tilsæt eventuelt et par spiseskefulde kogende vand for at forhindre, at grøntsager fanger. Tilsæt salt og peber og kog indtil grøntsagerne er færdige, 8 til 10 minutter.

e) Nu er du klar til at rulle pastaen ud, hvilket du kan gøre med kagerulle og bord eller med en pastamaskine. Følg lasagnevejledningen, og læg de kogte lasagneplader ud på fugtige køkkenruller som beskrevet.

f) Sæt ovnen på 450ºF. Brug lidt smør til at smøre bunden af en 9 x 13-tommers bradepande eller lasagneform.

g) Fordel et par spiseskefulde af det grønne fyld over bunden af fadet, og læg derefter et lag pastaplader over fyldet. Dæk pastapladerne med cirka en tredjedel af det resterende fyld, og fordel derefter noget af bechamelen over det. Drys med parmigiano. Tilføj endnu et lag pastastrimler og dæk igen med fyld, béchamel og ost. Bliv ved med dette, indtil alle pastapladerne er brugt op. Det øverste lag skal være béchamel og revet ost, prikket med smør.

h) Bages i 15 til 20 minutter, indtil toppen er boblende og let gylden. Tag den ud af ovnen og lad den trække i 15 minutter før servering.

65. Svampelasagne med squash

SERVER 8-10

Ingredienser:

- 1 Basic Pasta Fresca Dej
- 1½ ounce tørrede porcini-svampe
- 3 pund friske svampe, inklusive vilde, hvis de er tilgængelige
- ½ kop ekstra jomfru olivenolie
- 1 spsk usaltet smør plus lidt mere til bageformen og for at prikke toppen af lasagnen
- 1 pund forårsløg, inklusive møre grønne toppe, eller 1 medium gult løg, hakket meget fint
- 1 fed hvidløg, knust med den flade side af et blad og hakket
- ½ kop finthakket fladbladet persille
- 1 spsk hakket timian
- Havsalt og friskkværnet sort peber
- 5 kopper Béchamel
- 4 kopper vintersquash, strimlet på de store huller på et rivejern
- ¼ til ⅓ kop revet parmigiano-reggiano eller grana padano ost

Rutevejledning:

a) Først, hvis du bruger frisk pasta, lav dejen.

b) Hvis du bruger tørrede svampe, rekonstituer dem; gem den sigtede iblødsætningsvæske for at tilføje senere, hvis det er nødvendigt.

c) Udvælg de friske svampe, fjern eventuelle gryn eller beskadigede områder. Adskil hætterne fra stilkene. Skær hætterne i skiver og skær stilkene i tern. (Hvis du bruger shiitake eller lignende svampe med hårde stængler, skal du kassere stænglerne.)

d) Tilsæt ¼ kop olie til en stegepande og sæt den over medium-høj varme. Tilsæt løg og hvidløg og steg hurtigt under omrøring, indtil løgene lige er begyndt at blive sprøde og brune. Rør champignonstænglerne i tern og de hakkede rekonstituerede tørrede svampe. Tilsæt ¼ kop persille og hakket timian. Kog svampene i 10 til 15 minutter, eller indtil de er gennemstegte; smag til med salt og peber, og rør grydens indhold i béchamelen.

e) I en separat stegepande, kombiner de skivede svampehætter med den resterende ¼ kop persille, 1 spsk af olien og 1 spsk smør og kog forsigtigt ved middel-lav varme, indtil svampene lige er gennemstegte, 7 eller 8 minutter. Tilsæt rigeligt salt og peber efter smag. Sæt til side.

f) Rul pastaen ud så tyndt du kan.

g) Bring en stor gryde med saltet vand i kog og hav en skål isvand klar. Tilsæt pastaen til det kogende vand og kog som beskrevet i anvisningerne, og læg de kogte pastaplader ud på rene køkkenruller.

h) Sæt ovnen på 350ºF.

i) Smør let bunden og siderne af en 8 x 12-tommer rektangulær bradepande, der er mindst 2 tommer dyb.

j) Fordel et par spiseskefulde af béchamel på bunden af bageformen, og læg derefter et lag pastaplader på. Hæld cirka en fjerdedel af béchamelen i et lag over pastaen, derefter cirka en tredjedel af de sauterede champignonhatte og en tredjedel af den revne squash. Drys et par spiseskefulde parmigiano over dette lag. Gentag disse lag – pasta, béchamel, champignonhatte, revet squash og ost – indtil panden er fuld og fyldet er brugt op. Til det øverste lag skal du bruge det sidste af béchamel, fordel det lidt tykkere og smøre det ud til kanterne af gryden for at forsegle pastaen indeni.

k) Bages i cirka 30 minutter, og skru derefter op for varmen til 400ºF. Bages i yderligere 10 minutter, eller indtil lasagnen bobler og toppen er gyldenbrun.

l) Tag lasagnen ud af ovnen og stil den til side i mindst 10 til 15 minutter, eller op til en time, et lunt sted før servering. Det får lasagnen til at sætte sig og gør den nemmere at skære og servere.

66. Palæstinensisk Couscous

SERVERING 6-8

Ingredienser:

- En lille frisk kylling (2½ til 3 pund), helst fritgående, skåret i 8 stykker
- Havsalt og friskkværnet sort peber
- ½ tsk stødt kardemomme
- ½ kop ekstra jomfru olivenolie
- 1 mellemgult løg, usrællet
- 4 allehånde bær
- En 2-tommer kanelstang
- 2 laurbærblade
- 2-stjernet anis
- Knib stødt gurkemeje
- ½ tsk hele spidskommen frø
- 1½ dl kogte kikærter
- 1 rød sød peber, trimmet og skåret i tynde skiver
- ½ mellemstor rødløg, skåret i måner (på langs)
- 2 kopper maftoul
- ¼ kop grofthakkede ristede mandler
- 3 plukkede kviste koriander, til pynt

Rutevejledning:

a) Gnid kyllingestykkerne over det hele med salt, peber og kardemomme. Opvarm ¼ kop olie i en tykbundet gryde ved middel varme. Tilsæt kyllingen og brun grundigt på alle sider. Fjern kyllingestykkerne og stil til side. Tag gryden af varmen, og når olien er afkølet, vip den ud og tør gryden af med køkkenrulle for at fjerne alle spor af brændt olie.

b) Sæt gryden tilbage på medium-lav varme og tilsæt kyllingen tilbage sammen med 8 til 10 kopper vand, nok til at dække kyllingen. Pil ikke løget, men gnid eventuel løs papirskræl af, og skær derefter løget i to og tilsæt i gryden sammen med allehånde, kanelstang, laurbærblade, stjerneanis, gurkemeje og spidskommen. Dæk gryden til og bring det i kog. Kog ved blot simre i 1 time, hvorefter kyllingen skal være færdig og meget mør.

c) Fjern kyllingen fra bouillonen og stil til side. Når det er køligt nok til at håndtere, lægges stykkerne i et ovnfad, gerne et med låg.

d) Si stykkerne af krydderier og laurbærblade fra bouillonen og kassér. Når bouillonen er kølet lidt af, overfør den til et køligt sted eller i køleskabet for at lade fedtet stige og stivne. Når fedtet er fast på toppen, skummes det af med en hulske og kasseres.

e) Når du er klar til at fortsætte, skal du sætte ovnen på lav, 200º til 250ºF.

f) Kom den affedtede bouillon tilbage i gryden til medium varme og bring det i kog. Lad det simre uden låg, indtil bouillonen er reduceret til det halve, det vil sige til omkring 4 kopper.

g) Fjern 1 kop af bouillonen og hæld den over kyllingestykkerne i ovnfadet. Dæk kyllingen med et låg eller et stykke aluminiumsfolie og sæt den over i ovnen til opvarmning, mens du laver maftoulen.

h) Varm de kogte kikærter op, hvis det er nødvendigt, tilsæt et par spiseskefulde bouillon eller almindeligt vand. Bring det i kog ved svag varme, lige nok til at varme dem igennem. Hold varmen, mens du afslutter maftoulen.

i) Kombiner de søde peber- og løgskiver i en lille stegepande med den resterende ¼ kop olie og sauter forsigtigt, indtil skiverne begynder at blive bløde. Tilsæt maftoulen og kog under omrøring i ca. 3 minutter bare for at riste maftoulkornene let og få deres hvedesmag frem. Bring eventuelt bouillonen i kog igen, og tilsæt maftoul og grøntsager. Lad det simre uden låg i 15 minutter, eller indtil maftoul-kornene er møre.

j) Arranger maftoulen på et fad, og sæt derefter kyllingestykkerne ovenpå, og hæld eventuelt resterende bouillon over maftoulen. Hæld til sidst kikærterne over toppen og pynt med de ristede mandler og koriander.

k) Server straks.

67. Chard-fyldte Manicotti

Giver 4 portioner

Ingredienser:
- 12 manicotti
- 3 spsk olivenolie
- 1 lille løg, hakket
- 1 mellemstor bundt mangold, seje stængler trimmet og hakket
- 1 pund fast tofu, drænet og smuldret
- Salt og friskkværnet sort peber
- 1 kop rå cashewnødder
- 3 kopper almindelig usødet sojamælk
- ⅛ tsk stødt muskatnød
- ⅛ tsk malet cayennepeper
- 1 kop tørre, ukrydrede brødkrummer

Rutevejledning:

a) Forvarm ovnen til 350°F. Olie let en 9 x 13-tommer bradepande og sæt til side.

b) I en gryde med kogende saltet vand, kog manicotti over medium-høj varme, omrør lejlighedsvis, indtil al dente, omkring 8 minutter. Dræn godt af og kør under koldt vand. Sæt til side.

c) I en stor stegepande opvarmes 1 spsk af olien over medium varme. Tilsæt løget, læg låg på og kog indtil det er blødt i cirka 5 minutter. Tilsæt mangold, læg låg på, og kog indtil mangold er mør, rør af og til i ca. 10 minutter. Fjern fra varmen og tilsæt tofuen under omrøring for at blande godt. Smag godt til med salt og peber og stil til side.

d) I en blender eller foodprocessor, mal cashewnødderne til et pulver. Tilsæt 11/2 kop sojamælk, muskatnød, cayennenød og salt efter smag. Blend indtil glat. Tilsæt de resterende 11⁄2 dl sojamælk og blend indtil cremet. Smag til, juster eventuelt krydderier.

e) Fordel et lag af saucen på bunden af den tilberedte bradepande. Pak ca. 1⁄3 kop af chard-farsen i manicottien. Arranger de fyldte manicotti i enkelt lag i bageformen. Hæld den resterende sauce over manicottien. I en lille skål kombineres brødkrummerne og de resterende 2 spsk olie og drysses over manicotti. Dæk med folie og bag indtil det er varmt og boblende, cirka 30 minutter. Server straks.

68. Spinat Manicotti og valnøddesauce

Giver 4 portioner

Ingredenser:

- 12 manicotti
- 1 spsk olivenolie
- 2 mellemstore skalotteløg, hakket
- 2 (10-ounce) pakker frossen hakket spinat, optøet
- 1 pund ekstra fast tofu, drænet og smuldret
- ¼ tsk stødt muskatnød
- Salt og friskkværnet sort peber
- 1 kop ristede valnøddestykker
- 1 kop blød tofu, drænet og smuldret
- ¼ kop ernæringsgær
- 2 kopper almindelig usødet sojamælk
- 1 kop tørre brødkrummer

Rutevejledning:

a) Forvarm ovnen til 350°F. Olie let en 9 x 13-tommer bageplade. I en gryde med kogende saltet vand, kog manicotti over medium-høj varme, omrør lejlighedsvis, indtil al dente, cirka 10 minutter. Dræn godt af og kør under koldt vand. Sæt til side.

b) I en stor stegepande opvarmes olien over medium varme. Tilsæt skalotteløg og kog indtil de er bløde, cirka 5 minutter. Pres spinat for at fjerne så meget væske som muligt og tilsæt skalotteløgene. Smag til med muskatnød og salt og peber efter smag, og kog i 5 minutter under omrøring for at blande smag. Tilsæt den ekstra faste tofu og rør for at blande godt. Sæt til side.

c) I en foodprocessor forarbejdes valnødderne, indtil de er fint malet. Tilsæt den bløde tofu, næringsgær, sojamælk og salt og peber efter smag. Bearbejd indtil glat.

d) Fordel et lag af valnøddesaucen på bunden af den tilberedte bradepande. Fyld manicottien med farsen. Arranger de fyldte manicotti i enkelt lag i bageformen. Hæld den resterende sauce ovenpå. Dæk med folie og bag indtil det er varmt, cirka 30 minutter. Afdæk, drys med brødkrummer, og bag 10 minutter mere for at brune toppen let. Server straks.

69. <u>Aubergine og Tempeh-fyldt pasta</u>

Giver 4 portioner

Ingredienser:

- 8 ounce tempeh
- 1 mellemstor aubergine
- 12 store pastaskaller
- 1 fed hvidløg, moset
- ¼ tsk malet cayennepeper
- Salt og friskkværnet sort peber
- Tør ukrydret brødkrummer
- 3 kopper marinara sauce, hjemmelavet

Rutevejledning:

a) I en mellemstor gryde med kogende vand koges tempeh i 30 minutter. Dræn og stil til afkøling.

b) Forvarm ovnen til 450°F. Prik auberginen med en gaffel og bag den på en let olieret bageplade, indtil den er blød, cirka 45 minutter.

c) Mens auberginen bager, koges pastaskallerne i en gryde med kogende saltet vand, mens der røres af og til, indtil de er al dente, cirka 7 minutter. Dræn og kør under koldt vand. Sæt til side.

d) Tag auberginen ud af ovnen, halver den på langs, og dræn eventuelt væske fra. Reducer ovntemperaturen til 350°F. Olie let en 9 x 13-tommer bradepande. I en foodprocessor bearbejdes hvidløget til det er fint malet. Tilsæt tempeh og puls til den er groft malet. Skrab auberginekødet fra dets skal og kom det i foodprocessoren med tempeh og hvidløg. Tilsæt cayenne, smag til med salt og peber, og pulsér for at kombinere. Hvis fyldet er løst, tilsæt lidt brødkrummer.

e) Fordel et lag af tomatsaucen på bunden af den tilberedte bradepande. Fyld fyldet i skallerne, indtil det er godt pakket.

f) Arranger skaller ovenpå saucen og hæld den resterende sauce over og omkring skallerne. Dæk med folie og bag indtil det er varmt, cirka 30 minutter. Afdæk, drys med parmesan, og bag 10 minutter længere. Server straks.

70. Græskarravioli med ærter

Giver 4 portioner

Ingredienser:
- 1 kop dåse græskarpuré
- ¹/2 kop ekstra fast tofu, godt drænet og smuldret
- 2 spsk hakket frisk persille
- Knip stødt muskatnød
- Salt og friskkværnet sort peber
- 1Æggefri pastadej
- 2 eller 3 mellemstore skalotteløg, halveret på langs og skåret i 1/4-tommers skiver
- 1 kop frosne babyærter, optøet

Rutevejledning:
a) Brug et køkkenrulle til at fjerne overskydende væske fra græskarret og tofuen, og kom derefter i en foodprocessor med næringsgær, persille, muskatnød og salt og peber efter smag. Sæt til side.

b) For at lave ravioli skal du rulle pastadejen tyndt ud på en let meldrysset overflade. Skær dejen ud i

c) 2 tommer brede strimler. Placer 1 dynger teskefuld fyld på 1 pastastrimmel, cirka 1 tomme fra toppen. Læg endnu en teskefuld fyld på pastastrimlen, cirka en tomme under den første skefuld fyld. Gentag i hele længden af dejstrimlen. Fugt kanterne af dejen let med vand og læg en anden stribe pasta oven på den første, der dækker fyldet. Tryk de to lag dej sammen mellem portionerne af fyldet.

d) Brug en kniv til at trimme siderne af dejen for at gøre den lige, og skær derefter på tværs af dejen mellem hver bunke fyld for at lave firkantede ravioli. Sørg for at trykke luftlommer ud omkring fyldningen, før du lukker.

e) Brug tænderne på en gaffel til at presse langs kanterne af dejen for at forsegle ravioli. Overfør ravioli til en meldrysset tallerken og gentag med den resterende dej og sauce. Sæt til side.

f) I en stor stegepande opvarmes olien over medium varme. Tilsæt skalotteløgene og kog under omrøring af og til, indtil skalotteløgene er dybt gyldenbrune, men ikke brændte, cirka 15 minutter. Rør ærterne i og smag til med salt og peber. Hold varmen ved meget lav varme.

g) I en stor gryde med kogende saltet vand, kog ravioli, indtil de flyder til toppen, cirka 5 minutter. Dræn godt af og kom over i gryden med skalotteløg og ærter. Kog i et minut eller to for at blande smagene, og overfør derefter til en stor serveringsskål. Smag til med masser af peber og server med det samme.

71. Kogle-valnød Ravioli

Giver 4 portioner

Ingredienser:
- ⅓ kop plus 2 spsk olivenolie
- 3 fed hvidløg, hakket
- 1 (10-ounce) pakke frossen spinat, optøet og presset tør
- 1 kop frosne artiskokhjerter, optøet og hakket
- ⅓ kop fast tofu, drænet og smuldret
- 1 kop ristede valnøddestykker
- ¼ kop tætpakket frisk persille
- Salt og friskkværnet sort peber
- 1Æggefri pastadej
- 12 friske salvieblade

Rutevejledning:

a) I en stor stegepande opvarmes 2 spsk af olien over medium varme. Tilsæt hvidløg, spinat og artiskokhjerter. Dæk til og kog indtil hvidløget er blødt og væsken absorberet, ca. 3 minutter, under omrøring af og til. Overfør blandingen til en foodprocessor. Tilsæt tofu, 1/4 kop af valnødderne, persillen og salt og peber efter smag. Process indtil hakket og grundigt blandet.

b) Stil til side til afkøling.

c) For at lave ravioli skal du rulle dejen meget tyndt (ca. 1/8 tomme) ud på en let meldrysset overflade og skære den i 2-tommer brede strimler. Placer 1 dynger teskefuld fyld på en pastastrimmel, cirka 1 tomme fra toppen. Læg endnu en teskefuld fyld på pastastrimlen, cirka 1 tomme under den første skefuld fyld. Gentag i hele længden af dejstrimlen.

d) Fugt kanterne af dejen let med vand og læg en anden stribe pasta oven på den første, der dækker fyldet.

e) Tryk de to lag dej sammen mellem portionerne af fyldet. Brug en kniv til at trimme siderne af dejen for at gøre den lige, og skær derefter på tværs af dejen mellem hver bunke fyld for at lave firkantede ravioli. Brug tænderne på en gaffel til at presse langs kanterne af dejen for at forsegle ravioli. Overfør ravioli til en meldrysset tallerken og gentag med resterende dej og fyld.

f) Kog ravioli i en stor gryde med kogende saltet vand, indtil de flyder til toppen, cirka 7 minutter. Dræn godt af og sæt til side. I en stor stegepande opvarmes den resterende 1/3 kop olie over medium varme. Tilsæt salvie og de resterende ¾ kop valnødder og kog indtil salvie bliver sprød og valnødderne dufter.

g) Tilsæt den kogte ravioli og kog under forsigtigt omrøring til saucen og varm igennem. Server straks.

72. Tortellini med flødesauce

Giver 4 portioner

Ingredienser:
- 1 spsk olivenolie
- 3 fed hvidløg, finthakket
- 1 kop fast tofu, drænet og smuldret
- ¾ kop hakket frisk persille
- ¼ kop vegansk parmesan elParmasio
- Salt og friskkværnet sort peber
- 1Æggefri pastadej
- 2½ dl marinara sauce, hjemmelavet
- Skal af 1 appelsin
- ½ tsk stødt rød peber
- ½ kop sojaflødekande eller almindelig usødet sojamælk

Rutevejledning:

a) I en stor stegepande opvarmes olien over medium varme. Tilsæt hvidløg og steg indtil de er bløde, cirka 1 minut. Rør tofu, persille, parmesan og salt og sort peber i efter smag. Bland indtil godt blandet. Stil til side til afkøling.

b) For at lave tortellini skal du rulle dejen tyndt ud (ca. 1/8 tomme) og skære i 21/2-tommers firkanter. Placere

c) 1 tsk fyld lige ved midten og fold det ene hjørne af pastafirkanten over fyldet, så det danner en trekant. Tryk kanterne sammen for at forsegle, og vikl derefter trekanten, midtpunktet nedad, omkring din pegefinger, og pres enderne sammen, så de klæber. Fold spidsen af trekanten ned og skub fingeren af. Stil til side på en let meldrysset tallerken og fortsæt med resten af dejen og fyldet.

d) Kombiner marinara sauce, appelsinskal og knust rød peber i en stor gryde. Opvarm til det er varmt, rør derefter sojaflødekanden i og hold det varmt ved meget lav varme.

e) I en gryde med kogende saltet vand koger du tortellini, indtil de flyder til toppen, cirka 5 minutter. Dræn godt og kom over i en stor serveringsskål. Tilsæt saucen og vend forsigtigt sammen. Server straks.

73. Gnocchi med rødvin-tomatsauce

Giver 4 portioner

Ingredienser:
- 2 mellemstore rødbrune kartofler
- 1 spsk olivenolie
- 3 fed hvidløg, hakket
- (28-ounce) dåse knuste tomater
- ⅓ kop tør rødvin
- 11⁄2 tsk tørret basilikum
- 1 tsk tørret oregano
- 2 spsk hakket frisk persille
- Salt
- Friskkværnet sort peber
- 1 kop universalmel, plus mere hvis det er nødvendigt
- Frisk basilikum, til pynt (valgfrit)

Rutevejledning:

a) Forvarm ovnen til 450°F. Sæt kartoflerne i ovnen og bag dem, indtil de er bløde, når de er gennemboret med en gaffel, cirka 1 time.

b) I en stor gryde varmes olien op over medium varme. Tilsæt hvidløg og kog indtil dufter, cirka 1 minut. Må ikke brænde. Rør tomater, vin, basilikum, oregano, 1 spsk af persillen og salt og peber i. Reducer varmen til lav og lad det simre i 20 minutter. Hold varmen ved lav varme.

c) For at lave gnocchien skal du kombinere mel og 1 tsk salt i en stor skål. Sæt til side. Mens de bagte kartofler stadig er varme, skærer du dem forsigtigt i to, skrab indmaden i en separat stor skål og kør dem gennem en kartoffelrister eller madmølle for at gøre dem luftige. Læg de risede kartofler i midten af melet sammen med den resterende 1 spsk persille. Smag godt til med salt og peber efter smag.

d) Bland gradvist melet i kartoflerne for at lave en dej, tilsæt mere mel efter behov. Ælt dejen, indtil den er glat, cirka 4 minutter. Overanstreng ikke dejen. Del dejen i 4 stykker. På en let meldrysset overflade ruller du med håndfladen hver dejsektion til en 1/2 tomme tyk rulle. Skær hver dejrulle i ¾-tommers stykker.

e) I en stor gryde med kogende saltet vand koges gnocchierne, indtil de flyder til toppen, cirka 3 minutter. Tag de kogte gnocchi op med en hulske og læg dem i dørslag, så de drypper godt af. Overfør til en stor serveringsskål og tilsæt tomatsaucen, vend forsigtigt for at kombinere. Pynt med frisk basilikum, hvis du bruger, og server straks.

74. Pierogi med stegte løg

Giver 6 portioner

Ingredienser:

- 1 pund rødbrune kartofler, skrællet og skåret i stykker
- 1 tsk salt
- ¼ tsk friskkværnet sort peber
- 2 spsk plus 1 tsk olivenolie
- 1 mellemstor gult løg, hakket
- 1 Æggefri pastadej

Rutevejledning:

a) I en stor gryde med saltet vand koges kartoflerne møre, cirka 20 minutter. Dræn og kom tilbage i gryden. Tilsæt salt og peber, mos kartoflerne og stil til side.

b) I en stegepande opvarmes de 2 spsk olie over medium varme. Tilsæt løget, læg låg på og kog indtil det er blødt, cirka 7 minutter. Rør det kogte løg i kartoffelmosen. Bland godt og smag til, juster eventuelt krydderier. Stil til side for at køle helt af.

c) Del dejen i 2 lige store portioner og rul ud, et stykke ad gangen, på en let meldrysset overflade, indtil den er meget tynd, cirka 1/8 tomme tyk. Skær dejen i 3-tommer brede strimler, og skær derefter på tværs af strimlerne for at skabe 3-tommer firkanter. Kom 1 dynger teskefuld fyld på den ene halvdel af hver dejfirkant.

d) Fugt kanten af hver firkant med vand og fold til trekanter, fold det ene hjørne af dejen over fyldet for at presse mod det modsatte hjørne. Brug din finger til at trykke alle kanterne sammen for at forsegle godt. Gentag med den resterende dej og fyld. Hvis der er fyld tilovers, så reserver det til anden brug. Tryk tænderne på en gaffel langs kanten af pierogien for at forsegle. Stil til side på en let meldrysset tallerken.

e) I en stor gryde med kogende saltet vand koges pierogierne, indtil de flyder til toppen, cirka 3 minutter. Dræn godt af. Brun pirogien let i en stor stegepande med den resterende 1 tsk olie. Smag til med salt og rigeligt peber. Server straks.

75. Kylling Alfredo Lasagne

ingredienser

- 4 ounce tynde skiver pancetta, skåret i strimler
- 3 ounce tynde skiver prosciutto eller deli skinke, skåret i strimler
- 3 kopper revet rotisserie kylling
- 5 spsk usaltet smør i tern
- 1/4 kop universalmel
- 4 kopper sødmælk
- 2 kopper strimlet Asiago ost, delt
- 2 spsk hakket frisk persille, delt
- 1/4 tsk groftkværnet peber
- Knip stødt muskatnød
- 9 no-cook lasagne nudler
- 1-1/2 kopper revet delvis skummet mossarellaost
- 1-1/2 kopper revet parmesanost

Vejbeskrivelse

a) I en stor stegepande koges pancetta og prosciutto ved middel varme, indtil de er brune. Afdryp på køkkenrulle. Overfør til en stor skål; tilsæt kylling og bland for at kombinere.

b) Til sauce, i en stor gryde, smelt smør over medium varme. Rør mel i, indtil glat; piskes gradvist mælk i. Bring i kog under konstant omrøring; kog og rør i 1-2 minutter eller indtil det er tyknet. Fjern fra varmen; rør 1/2 kop Asiago ost, 1 spsk persille, peber og muskatnød i.

c) Forvarm ovnen til 375°. Spred 1/2 kop sauce i en smurt 13x9-in. bage fad. Læg lag med en tredjedel af hver af følgende: nudler, sauce, kødblanding, Asiago, mossarella og parmesanoste. Gentag lagene to gange.

d) Bages, tildækket, 30 minutter. Afdække; bages 15 minutter længere eller indtil boblende. Drys med resten af persille. Lad stå 10 minutter før servering.

76. Dekadente spinatfyldte skaller

ingredienser
- 1 pakke (12 ounce) jumbo pastaskaller
- 1 krukke (24 ounce) ristet rød peber og hvidløg pastasauce, delt
- 2 pakker (8 ounce hver) flødeost, blødgjort
- 1 kop ristet hvidløg Alfredo sauce
- Dash salt
- Dash peber
- Dash knuste røde peberflager, valgfrit
- 2 kopper revet italiensk osteblanding
- 1/2 kop revet parmesanost
- 1 pakke (10 ounce) frossen hakket spinat, optøet og presset tør
- 1/2 kop finthakkede vandpakkede artiskokhjerter
- 1/4 kop finthakket ristet sød rød peber
- Ekstra parmesanost, valgfri

Vejbeskrivelse

a) Forvarm ovnen til 350°. Kog pastaskaller efter pakkens anvisninger for al dente. Dræne.

b) Fordel 1 kop sauce i en smurt 13x9-in. bage fad. Pisk flødeost, Alfredo sauce og krydderier i en stor skål, indtil det er blandet. Rør oste og grøntsager i. Ske i skaller. Arranger i tilberedt ovnfast fad.

c) Hæld den resterende sauce over. Bages, tildækket, 20 minutter. Hvis det ønskes, drys med yderligere parmesanost. Bages, uden låg, 10-15 minutter længere, eller indtil osten er smeltet.

77. Penne Beef Bage

Ingrediens
- 1 pakke (12 ounce) fuldkornspasta
- 1 pund magert oksekød (90 % magert)
- 2 mellemstore zucchini, finthakket
- 1 stor grøn peberfrugt, finthakket
- 1 lille løg, finthakket
- 1 krukke (24 ounce) spaghetti sauce
- 1-1/2 kopper fedtfattig Alfredo sauce
- 1 kop revet delvis skummet mossarellaost, delt
- 1/4 tsk hvidløgspulver
- Frisk hakket persille, valgfrit

Vejbeskrivelse

a) Kog penne efter pakkens anvisninger. I mellemtiden koger du oksekød, zucchini, peber og løg i en hollandsk ovn ved middel varme, indtil kødet ikke længere er lyserødt, og brækker det i smuldrer; dræne. Rør spaghetti sauce, Alfredo sauce, 1/2 kop mossarella ost og hvidløgspulver i. Afløb penne; røres i kødblandingen.

b) Overfør til en 13x9-in. bradepande belagt med madlavningsspray. Dæk til og bag ved 375° i 20 minutter. Drys med resten af mossarellaosten. Bages uden låg, 3-5 minutter længere, eller indtil osten er smeltet. Hvis det ønskes, top med persille.

78. Kylling Tetrazzini

Ingrediens

- 8 ounce ubehandlet spaghetti
- 2 tsk plus 3 spsk smør, delt
- 8 baconstrimler, hakket
- 2 kopper friske champignon i skiver
- 1 lille løg, hakket
- 1 lille grøn peberfrugt, hakket
- 1/3 kop universalmel
- 1/4 tsk salt
- 1/4 tsk peber
- 3 kopper hønsebouillon
- 3 kopper groft strimlet rotisserie kylling
- 2 kopper frosne ærter (ca. 8 ounces)
- 1 krukke (4 ounce) pimientos i tern, drænet
- 1/2 kop revet romano eller parmesanost

Vejbeskrivelse

a) Forvarm ovnen til 375°. Kog spaghetti efter anvisningen på pakken for al dente. Dræne; overførsel til en smurt 13x9-in. bage fad. Tilsæt 2 tsk smør og vend til belægning.

b) I mellemtiden koger du bacon i en stor stegepande over medium varme, indtil det er sprødt, og rør af og til. Fjern med en hulske; afdryppes på køkkenrulle. Kassér dryppende, og behold 1 spiseskefuld i gryden. Tilføj svampe, løg og grøn peber til drypper; kog og rør ved medium-høj varme 5-7 minutter eller indtil de er møre. Fjern fra panden.

c) I samme gryde opvarmes det resterende smør over medium varme. Rør mel, salt og peber i, indtil det er glat; piskes gradvist i bouillon. Bring i kog, under omrøring af og til; kog og rør i 3-5 minutter, eller indtil de er lidt tykkere. Tilsæt kylling, ærter, pimientos og svampeblanding; varm igennem, rør af og til. Hæld spaghetti over. Drys med bacon og ost.

d) Bages uden låg i 25-30 minutter eller indtil de er gyldenbrune. Lad stå 10 minutter før servering.

79. Pastabag med butternut og Chard

Ingrediens

- 3 kopper ukogt butterflypasta
- 2 kopper fedtfri ricottaost
- 4 store æg
- 3 kopper frosne butternut squash i tern, optøet og delt
- 1 tsk tørret timian
- 1/2 tsk salt, delt
- 1/4 tsk stødt muskatnød
- 1 kop grofthakkede skalotteløg
- 1-1/2 kopper hakket mangold, stilke fjernet
- 2 spsk olivenolie
- 1-1/2 kopper panko brødkrummer
- 1/3 kop grofthakket frisk persille
- 1/4 tsk hvidløgspulver

Vejbeskrivelse

a) Forvarm ovnen til 375°. Kog pasta efter pakkens anvisninger for al dente; dræne. Læg i mellemtiden ricotta, æg, 1-1/2 dl squash, timian, 1/4 tsk salt og muskatnød i en foodprocessor; bearbejde indtil glat. Hæld i en stor skål. Rør pasta, skalotteløg, mangold og resterende squash i. Overfør til en smurt 13x9-in. bage fad.

b) I en stor stegepande opvarmes olien over medium-høj varme. Tilsæt brødkrummer; kog og rør indtil gyldenbrun, 2-3 minutter. Rør persille, hvidløgspulver og resterende 1/4 tsk salt i. Drys over pastablandingen.

c) Bages, uden låg, indtil stivnet og toppingen er gyldenbrun, 30-35 minutter.

80. Chili Mac gryderet

Ingrediens
- 1 kop ukogte albuemakaroni
- 2 pund magert oksekød (90% magert)
- 1 mellemstor løg, hakket
- 2 fed hvidløg, hakket
- 1 dåse (28 ounce) tomater i tern, udrænet
- 1 dåse (16 ounce) kidneybønner, skyllet og drænet
- 1 dåse (6 ounce) tomatpure
- 1 dåse (4 ounce) hakket grøn chili
- 1-1/4 tsk salt
- 1 tsk chilipulver
- 1/2 tsk stødt spidskommen
- 1/2 tsk peber
- 2 kopper strimlet mexicansk osteblanding med reduceret fedtindhold
- Grønne løg i tynde skiver, valgfrit

Vejbeskrivelse

a) Kog makaroni efter anvisning på pakken. I mellemtiden, i en stor nonstick stegepande, kog oksekød, løg og hvidløg over medium varme, indtil kødet ikke længere er pink, bryde kød i smuldrer; dræne. Rør tomater, bønner, tomatpure, chili og krydderier i. Dræn makaroni; tilsæt til oksekødsblandingen.

b) Overfør til en 13x9-in. bradepande belagt med madlavningsspray. Dæk til og bag ved 375° indtil boblende, 25-30 minutter. Afdække; drys med ost. Bag indtil osten er smeltet, 5-8 minutter længere. Hvis det ønskes, top med skiver grønne løg.

81. Penne og røget pølse

Ingrediens

- 2 kopper ukogt penne pasta
- 1 pund røget pølse, skåret i 1/4-tommers skiver
- 1-1/2 kopper 2% mælk
- 1 dåse (10-3/4 ounce) kondenseret fløde af selleri suppe, ufortyndet
- 1-1/2 kopper cheddar franskstegte løg, delt
- 1 kop revet delvis skummet mossarellaost, delt
- 1 kop frosne ærter

Vejbeskrivelse

a) Forvarm ovnen til 375°. Kog pastaen efter pakkens anvisning.

b) I mellemtiden, i en stor stegepande, brun pølse over medium varme 5 minutter; dræne. I en stor skål kombineres mælk og suppe. Rør 1/2 kop løg, 1/2 kop ost, ærter og pølse i. Dræn pasta; røres i pølseblandingen.

c) Overfør til en smurt 13x9-in. bage fad. Dæk til og bag indtil boblende, 25-30 minutter. Drys med resterende løg og ost. Bages uden låg, indtil osten er smeltet, 3-5 minutter længere.

d) Frysemulighed: Drys resterende løg og ost over ubagt gryde. Dæk og frys. For at bruge, tø delvist op i køleskabet natten over. Tag ud af køleskabet 30 minutter før bagning. Forvarm ovnen til 375°. Bag gryden som anvist, øge tiden efter behov til at varme igennem, og til et termometer indsat i midten viser 165°.

82. Provolone Ziti Bage

Ingrediens
- 1 spsk olivenolie
- 1 mellemstor løg, hakket
- 3 fed hvidløg, hakket
- 2 dåser (28 ounce hver) italienske knuste tomater
- 1-1/2 dl vand
- 1/2 kop tør rødvin eller hønsebouillon med reduceret natriumindhold
- 1 spsk sukker
- 1 tsk tørret basilikum
- 1 pakke (16 ounce) ziti eller små rørspasta
- 8 skiver provolone ost

Vejbeskrivelse

a) Forvarm ovnen til 350°. I en 6-qt. gryde, opvarm olie over medium-høj varme. Tilføj løg; kog og rør i 2-3 minutter eller indtil de er møre. Tilsæt hvidløg; kog 1 minut længere. Rør tomater, vand, vin, sukker og basilikum i. Bring i kog; fjern fra varmen. Rør ukogte ziti i.

b) Overfør til en 13x9-in. bradepande belagt med madlavningsspray. Bages, tildækket, 1 time. Top med ost. Bages, uden låg, 5-10 minutter længere, eller indtil ziti er mør og osten er smeltet.

83. Angel Hair Shrimp Bage

Ingrediens
- 1 pakke (9 ounce) nedkølet englehårpasta
- 1-1/2 pund ubehandlede mellemstore rejer, pillede og deveirede
- 3/4 kop smuldret fetaost
- 1/2 kop revet schweizerost
- 1 krukke (16 ounce) chunky salsa
- 1/2 kop revet Monterey Jack ost
- 3/4 kop hakket frisk persille
- 1 tsk tørret basilikum
- 1 tsk tørret oregano
- 2 store æg
- 1 kop halv og halv fløde
- 1 kop almindelig yoghurt
- Frisk hakket persille, valgfrit

Vejbeskrivelse
a) I en smurt 13x9-tommer. bageform, lag halvdelen af pastaen, rejer, fetaost, schweizerost og salsa i lag. Gentag lag. Drys med Monterey Jack ost, persille, basilikum og oregano.

b) I en lille skål piskes æg, fløde og yoghurt; hældes over gryden. Bages uden låg ved 350° indtil et termometer viser 160°, 25-30 minutter. Lad stå i 5 minutter før servering. Hvis det ønskes, top med hakket persille.

84. Karry Lasagne

Ingrediens

- 1 spsk rapsolie
- 1 mellemstor løg, hakket
- 4 tsk karrypulver
- 3 fed hvidløg, hakket
- 1 dåse (6 ounce) tomatpure
- 2 dåser (13,66 ounce hver) kokosmælk
- 1 pund (ca. 4 kopper) revet rotisserie kylling, skindet fjernet
- 12 lasagne nudler, ukogte
- 2 kopper delvist skummet ricottaost
- 2 store æg
- 1/2 kop hakket frisk koriander, delt
- 1 pakke (10 ounce) frossen hakket spinat, optøet og presset tør
- 1/2 tsk salt
- 1/4 tsk peber
- 2 kopper revet delvis skummet mossarellaost
- Limebåde

Vejbeskrivelse

a) Forvarm ovnen til 350°. I en stor stegepande opvarmes olien over medium-høj varme. Tilføj løg; kog og rør, indtil det er blødt, cirka 5 minutter. Tilsæt karry og hvidløg; kog 1 minut mere. Rør i tomatpure; hæld kokosmælk i gryden. Bring i kog. Reducer varmen og lad det simre i 5 minutter. Rør kogt kylling i.

b) I mellemtiden koges lasagne nudler efter pakkens anvisninger. Dræne. Kombiner ricotta, æg, 1/4 kop koriander, spinat og krydderier.

c) Spred en fjerdedel af kyllingeblandingen i en 13x9-in. bradepande belagt med madlavningsspray. Læg lag med 4 nudler, halvdelen af ricottablandingen, en fjerdedel af kyllingeblandingen og 1/2 kop mossarella. Gentag lag. Top med resterende nudler, resterende kyllingeblanding og resterende mossarella.

d) Bages uden låg, indtil de er boblende, 40-45 minutter. Afkøl 10 minutter før skæring. Top med resterende koriander; server med limebåde.

85. Indlæst Pasta Shells Lasagne

Ingrediens

- 4 kopper revet mossarellaost
- 1 karton (15 ounce) ricottaost
- 1 pakke (10 ounce) frossen hakket spinat, optøet og presset tør
- 1 pakke (12 ounce) jumbo pastaskaller, kogt og drænet
- 3-1/2 dl spaghetti sauce
- Revet parmesanost, valgfrit

Vejbeskrivelse

a) Forvarm ovnen til 350°. Kombiner oste og spinat; fyld i skaller. Arranger i en smurt 13x9-in. bage fad. Hæld spaghetti sauce over skallerne. Dæk til og bag indtil gennemvarmet, cirka 30 minutter.

b) Hvis det ønskes, drys med parmesanost efter bagning.

86. TreOst Meatball Mostaccioli

Ingrediens
- 1 pakke (16 ounce) mostaccioli
- 2 store æg, let pisket
- 1 karton (15 ounce) delvis skummet ricottaost
- 1 pund hakket oksekød
- 1 mellemstor løg, hakket
- 1 spsk brun farin
- 1 spsk italiensk krydderi
- 1 tsk hvidløgspulver
- 1/4 tsk peber
- 2 krukker (24 ounce hver) pastasauce med kød
- 1/2 kop revet romano ost
- 1 pakke (12 ounce) frosne fuldt kogte italienske frikadeller, optøet
- 3/4 kop barberet parmesanost
- Hakket frisk persille eller frisk baby rucola, valgfri

Vejbeskrivelse
a) Forvarm ovnen til 350°. Kog mostaccioli i henhold til pakkens anvisninger for al dente; dræne. I mellemtiden blandes æg og ricottaost i en lille skål.

b) I en 6-qt. gryde, kog oksekød og løg i 6-8 minutter, eller indtil oksekødet ikke længere er lyserødt, og brækker oksekødet i smuldrer; dræne. Rør farin og krydderier i. Tilsæt pastasauce og mostaccioli; kast at kombinere.

c) Overfør halvdelen af pastablandingen til en smurt 13x9-in. bage fad. Læg lag med ricottablanding og resterende pastablanding; drys med Romano ost. Top med frikadeller og parmesanost.

d) Bages, uden låg, 35-40 minutter eller indtil gennemvarmet. Hvis det ønskes, top med persille.

87. Hvid skaldyrslasagne

ingredienser

- 9 ukogte lasagne nudler
- 1 spsk smør
- 1-pund ubehandlede rejer (31 til 40 pr. pund), pillede og afvinede
- 1-pund bay kammuslinger
- 5 fed hvidløg, hakket
- 1/4 kop hvidvin
- 1 spsk citronsaft
- 1 pund frisk krabbekød

Ostesauce:

- 1/4 kop smør, i tern
- 1/4 kop universalmel
- 3 kopper 2% mælk
- 1 kop revet delvis skummet mossarellaost
- 1/2 kop revet parmesanost
- 1/2 tsk salt
- 1/4 tsk peber
- Dash formalet muskatnød

Ricotta blanding:

- 1 karton (15 ounce) delvis skummet ricottaost
- 1 pakke (10 ounce) frossen hakket spinat, optøet og presset tør
- 1 kop revet delvis skummet mossarellaost
- 1/2 kop revet parmesanost
- 1/2 kop krydret brødkrummer
- 1 stort æg, let pisket

Topping:

- 1 kop revet delvis skummet mossarellaost
- 1/4 kop revet parmesanost
- Hakket frisk persille

Vejbeskrivelse

a) Forvarm ovnen til 350°. Kog lasagne nudler i henhold til pakkens anvisninger; dræne.

b) I mellemtiden, i en stor stegepande, opvarme smør over medium varme. Tilsæt rejer og kammuslinger i partier; kog 2-4 minutter, eller indtil rejerne bliver lyserøde og kammuslingerne er faste og uigennemsigtige. Fjern fra panden.

c) Tilføj hvidløg til samme pande; kog 1 minut. Tilsæt vin og citronsaft under omrøring for at løsne brunede stykker fra panden. Bring i kog; kog 1-2 minutter eller indtil væsken er reduceret til det halve. Tilføj krabbe; varme igennem. Rør rejer og kammuslinger i.

d) Til ostesauce smeltes smør over medium varme i en stor gryde. Rør mel i, indtil glat; piskes gradvist mælk i. Bring i kog under konstant omrøring; kog og rør, indtil det er tyknet, 1-2 minutter. Fjern fra varmen; rør de resterende ingredienser til ostesauce i. I en stor skål, kombinere ricotta blanding ingredienser; rør i 1 kop ostesauce.

e) Fordel 1/2 kop ostesauce i en smurt 13x9-in. bage fad. Læg lag med 3 nudler, halvdelen af ricottablandingen, halvdelen af skaldyrsblandingen og 2/3 kop ostesauce. Gentag lag. Top med de resterende nudler og ostesauce. Drys toppen med 1 kop mossarellaost og 1/4 kop parmesanost.

f) Bages uden låg i 40-50 minutter eller indtil boblende og toppen er gyldenbrun. Lad stå 10 minutter før servering. Drys med persille.

88. Pizza Pasta gryderet

Ingrediens
- 2 pund hakket oksekød
- 1 stort løg, hakket
- 3-1/2 dl spaghetti sauce
- 1 pakke (16 ounce) spiral- eller cavatappipasta, kogt og drænet
- 4 kopper revet delvis skummet mossarellaost
- 8 ounces skåret pepperoni

Vejbeskrivelse
a) Forvarm ovnen til 350°. I en stor stegepande koges oksekød og løg ved middel varme, indtil kødet ikke længere er lyserødt; dræne. Rør spaghetti sauce og pasta i.

b) Overfør til 2 smurte 13x9-in. bageretter. Drys med ost. Arranger pepperoni ovenpå.

c) Bages uden låg i 25-30 minutter eller indtil de er gennemvarme.

d) Indfrysningsmulighed: Afkøl ubagte gryderetter; dæk og frys i op til 3 måneder. For at bruge, tø delvist op i køleskabet natten over. Tag ud af køleskabet 30 minutter før bagning. Forvarm ovnen til 350°. Bages som anvist, og øger tiden til 35-40 minutter, eller indtil det er gennemvarmet og et termometer indsat i midten viser 165°.

89. Ost Manicotti

Ingrediens
- 1 karton (15 ounce) fedtfattig ricottaost
- 1 lille løg, finthakket
- 1 stort æg, let pisket
- 2 spsk hakket frisk persille
- 1/2 tsk peber
- 1/4 tsk salt
- 1 kop revet delvis skummet mossarellaost, delt
- 1 kop revet parmesanost, delt
- 4 kopper marinara sauce
- 1/2 kop vand
- 1 pakke (8 ounce) manicotti-skaller
- Ekstra persille, valgfri

Vejbeskrivelse
a) Forvarm ovnen til 350°. I en lille skål blandes de første 6 ingredienser; rør 1/2 kop mossarellaost og 1/2 kop parmesanost i. I en anden skål blandes marinara sauce og vand; fordel 3/4 kop sauce på bunden af en 13x9-in. bradepande belagt med madlavningsspray. Fyld ukogte manicotti-skaller med ricottablanding; arrangere ovenpå sauce. Top med den resterende sauce.

b) Bages, tildækket, 50 minutter, eller indtil pastaen er mør. Drys med resterende 1/2 kop mossarellaost og 1/2 kop parmesanost. Bages, uden låg, 10-15 minutter længere, eller indtil osten er smeltet. Hvis det ønskes, toppes med ekstra persille.

90. Four-Ost Lasagne

Ingrediens

- 1 pund hakket oksekød
- 1 mellemstor løg, hakket
- 2 fed hvidløg, hakket
- 1 dåse (28 ounce) tomater, udrænede
- 1 dåse (8 ounce) champignon i skiver, drænet
- 1 dåse (6 ounce) tomatpure
- 1 tsk salt
- 1 tsk tørret oregano
- 1 tsk tørret basilikum
- 1/2 tsk peber
- 1/2 tsk fennikelfrø
- 2 kopper 4% hytteost
- 2/3 kop revet parmesanost
- 1/4 kop revet mild cheddarost
- 1-1/2 kopper revet delvis skummet mossarellaost, delt
- 2 store æg
- 1 pund lasagne nudler, kogt og drænet

Vejbeskrivelse

a) I en stegepande koges oksekød, løg og hvidløg ved middel varme, indtil kødet ikke længere er lyserødt, og løget er mørt; dræne. Blend tomaterne i en blender, indtil de er glatte. Rør i oksekød blandingen sammen med svampe, tomatpure og krydderier; simre 15 minutter.

b) I en skål kombineres hytteost, parmesan, cheddar, 1/2 kop mossarella og æg. Fordel 2 kopper kødsauce i bunden af en usmurt 13x9-in. bage fad. Anret halvdelen af nudlerne over saucen. Fordel osteblandingen over nudler. Top med de resterende nudler og sauce.

c) Dæk til og bag ved 350° i 45 minutter. Afdække; drys med resten af mossarellaen. Sæt den tilbage i ovnen i 15 minutter, eller indtil osten er smeltet.

91. Bøffel Kylling Lasagne

12 portioner

Ingrediens
- 1 spsk rapsolie
- 1-1/2 pund stødt kylling
- 1 lille løg, hakket
- 1 selleri ribben, finthakket
- 1 stor gulerod, revet
- 2 fed hvidløg, hakket
- 1 dåse (14-1/2 ounce) tomater i tern, drænet
- 1 flaske (12 ounce) Bøffel wing sauce
- 1/2 kop vand
- 1-1/2 tsk italiensk krydderi
- 1/2 tsk salt
- 1/4 tsk peber
- 9 lasagne nudler
- 1 karton (15 ounce) ricottaost
- 1-3/4 kopper smuldret blåskimmelost, delt
- 1/2 kop hakket italiensk fladbladet persille
- 1 stort æg, let pisket
- 3 kopper revet delvis skummet mossarellaost
- 2 kopper revet hvid cheddarost

Vejbeskrivelse

a) I en hollandsk ovn opvarmes olie over medium varme. Tilsæt kylling, løg, selleri og gulerod; kog og rør, indtil kødet ikke længere er lyserødt, og grøntsagerne er møre. Tilsæt hvidløg; kog 2 minutter længere. Rør tomater, vingesauce, vand, italiensk krydderi, salt og peber i; bring i kog. Reducer varmen; læg låg på og lad det simre i 1 time.

b) Kog i mellemtiden nudler i henhold til pakkens anvisninger; dræne. I en lille skål blandes ricottaost, 3/4 kop blå ost, persille og æg. Forvarm ovnen til 350°.

c) Fordel 1-1/2 kopper sauce i en smurt 13x9-in. bage fad. Læg i lag med tre nudler, 1-1/2 kop sauce, 2/3 kop ricottablanding, 1 kop mossarellaost, 2/3 kop cheddarost og 1/3 kop blåskimmelost. Gentag lagene to gange.

d) Bages, tildækket, 20 minutter. Afdække; bages indtil boblende og osten er smeltet, 20-25 minutter. Lad stå 10 minutter før servering.

92. Cremet kylling lasagne roll-ups

Ingrediens

- 10 lasagne nudler
- 3/4 pund udbenet skindfri kyllingebryst, i tern
- 1-1/2 tsk herbes de Provence
- 1/2 tsk salt, delt
- 1/2 tsk peber, delt
- 1 spsk olivenolie
- 2 kopper ricottaost
- 1/2 kop revet parmesanost, delt
- 1/4 kop 2% mælk
- 2 spsk hakket frisk persille
- 4 kopper spaghetti sauce
- 8 ounce frisk mossarellaost, i tynde skiver
- Yderligere hakket frisk persille, valgfri

Vejbeskrivelse

a) Forvarm ovnen til 375°. Kog lasagne nudler efter pakkens anvisning.

b) Imens drysses kylling med herbs de Provence, 1/4 tsk salt og 1/4 tsk peber. I en stor stegepande, kog kylling i olie over medium varme i 5-7 minutter eller indtil ikke længere pink; sæt til side.

c) I en stor skål kombineres ricotta, 1/4 kop parmesanost, mælk, persille og resterende salt og peber. Tilsæt kylling.

d) Dræn nudlerne. Fordel 1 kop spaghetti sauce i en smurt 13x9-in. bage fad. Fordel 1/3 kop kyllingeblanding over hver nudel; rulle forsigtigt op. Læg sømsiden nedad over saucen. Top med den resterende sauce og parmesanost.

e) Dæk til og bag 30 minutter. Afdække; top med mossarellaost. Bag 15-20 minutter længere, eller indtil bobler og ost er smeltet. Top med ekstra persille, hvis det ønskes.

93. Kylling Marsala Lasagne

ingredienser

- 12 lasagne nudler
- 4 tsk italiensk krydderi, delt
- 1 tsk salt
- 3/4 pund udbenet skindfri kyllingebryst, i tern
- 1 spsk olivenolie
- 1/4 kop finthakket løg
- 1/2 kop smør, i tern
- 1/2 pund skåret baby portobellosvampe
- 12 fed hvidløg, hakket
- 1-1/2 dl oksebouillon
- 3/4 kop Marsala vin, delt
- 1/4 tsk groftkværnet peber
- 3 spsk majsstivelse
- 1/2 kop finthakket fuldt kogt skinke
- 1 karton (15 ounce) ricottaost
- 1 pakke (10 ounce) frossen hakket spinat, optøet og presset
tør
- 2 kopper revet italiensk osteblanding
- 1 kop revet parmesanost, delt
- 2 store æg, let pisket

Vejbeskrivelse

a) Kog nudler i henhold til pakkens anvisninger; dræne. Bland i mellemtiden 2 tsk italiensk krydderi og salt; drysses over kyllingebryst. I en stor stegepande opvarmes olien over medium-høj varme. Tilføj kylling; sauter indtil de ikke længere er lyserøde. Fjern og hold varmt.

b) I samme stegepande koges løg i smør ved middel varme i 2 minutter. Rør svampe i; kog indtil de er møre, 4-5 minutter længere. Tilsæt hvidløg; kog og rør i 2 minutter.

c) Rør bouillon, 1/2 kop vin og peber i; bring i kog. Bland majsstivelse og resterende vin indtil glat; røres i gryden. Bring i kog; kog og rør, indtil det er tyknet, cirka 2 minutter. Rør skinke og kylling i.

d) Forvarm ovnen til 350°. Kombiner ricottaost, spinat, italiensk osteblanding, 3/4 kop parmesanost, æg og resterende italienske krydderier. Fordel 1 kop kyllingeblanding i en smurt 13x9-in. bage fad. Læg lag med 3 nudler, omkring 3/4 kop kyllingeblanding og omkring 1 kop ricottablanding. Gentag lagene 3 gange.

e) Bages, tildækket, 40 minutter. Drys med resten af parmesanosten. Bages uden låg, indtil gryden er boblende og osten er smeltet, 10-15 minutter. Lad stå 10 minutter før skæring.

94. Magt Lasagne

Ingrediens

- 9 fuldkornslasagne nudler
- 1 pund magert oksekød (90 % magert)
- 1 mellemstor zucchini, finthakket
- 1 mellemstor løg, finthakket
- 1 mellemstor grøn peberfrugt, finthakket
- 3 fed hvidløg, hakket
- 1 krukke (24 ounce) pastasauce uden kød
- 1 dåse (14-1/2 ounce) tomater i tern uden tilsat salt, drænet
- 1/2 kop løst pakkede basilikumblade, hakket
- 2 spsk malet hørfrø
- 5 tsk italiensk krydderi
- 1/4 tsk peber
- 1 karton (15 ounce) fedtfri ricottaost
- 1 pakke (10 ounce) frossen hakket spinat, optøet og presset

tør

- 1 stort æg, let pisket
- 2 spsk hvid balsamicoeddike
- 2 kopper revet delvis skummet mossarellaost
- 1/4 kop revet parmesanost

Vejbeskrivelse

a) Forvarm ovnen til 350°. Kog nudlerne efter pakkens anvisninger. I mellemtiden, i en 6-qt. gryde, kog oksekød, zucchini, løg og grøn peber ved middel varme, indtil oksekødet ikke længere er lyserødt, og brækker oksekødet i smuldrer. Tilsæt hvidløg; kog 1 minut længere. Dræne.

b) Rør pastasauce, hakkede tomater, basilikum, hør, italiensk krydderi og peber i; varme dog. Dræn nudlerne og skyl i koldt vand.

c) I en lille skål blandes ricottaost, spinat, æg og eddike. Fordel 1 kop kødblanding i en 13x9-in. bradepande belagt med madlavningsspray. Læg i lag med tre nudler, 2 kopper kødblanding, 1-1/4 kopper ricottaostblanding og 2/3 kop mossarellaost. Gentag lag. Top med resterende nudler, kødblanding og mossarellaost; drys med parmesanost.

d) Bages, tildækket, 30 minutter. Bages, uden låg, 10-15 minutter længere, eller indtil osten er smeltet. Lad stå 10 minutter før servering.

95. Fettuccinrejegryde

Ingrediens
- 6 ounce ubehandlet fettuccine
- 1 stort æg
- 3/4 kop halv og halv fløde
- 1/2 kop creme fraiche
- 1/2 tsk salt
- 2 kopper revet cheddarost
- 1/4 kop hakket grøn chili på dåse
- 3 grønne løg, skåret i tynde skiver
- 1 spsk hver hakket frisk koriander, basilikum og merian
- 1-pund ukogte rejer (31-40 pr. pund), pillede og afvejede eller frosne kogte langusterhalekød, optøet
- 1 kop salsa
- 1/2 kop revet peber jack ost
- 2 kopper tortillachips, knust
- 2 blommetomater, hakkede
- 1 mellemmoden avocado, skrællet og skåret i skiver

Vejbeskrivelse
a) Forvarm ovnen til 350°. Kog Fettuccinefter pakkens anvisning. I en stor skål piskes æg, fløde, creme fraiche og salt. Rør cheddarost, chili, grønne løg og krydderurter i. Dræn fettuccine.

b) I en smurt 13x9-tommer. bageform, lag halvdelen af fettuccine, rejer, flødeblanding og salsa. Gentag lag.

c) Bages, tildækket, 35 minutter. Drys med pepper jack ost, chips og tomater. Bages, uden låg, 5-10 minutter længere eller indtil boblende og osten er smeltet. Server med avocadoskiver.

96. Artiskok Spinat Lasagne

Ingrediens
- 1 spsk olivenolie
- 1 lille løg, hakket
- 1/2 kop friske champignon i skiver
- 4 fed hvidløg, hakket
- 1 dåse (14-1/2 ounce) grøntsags- eller kyllingebouillon
- 1 dåse (14 ounce) vandfyldte artiskokhjerter, drænet og groft hakket
- 1 pakke (10 ounce) frossen hakket spinat, optøet og presset tør
- 1 tsk tørret rosmarin, knust
- 1/4 tsk stødt muskatnød
- 1/4 tsk peber
- 1 krukke (16 ounce) ristet hvidløg parmesan eller ristet hvidløg Alfredo sauce

Montage:
- 12 no-cook lasagne nudler
- 3 kopper revet delvis skummet mossarellaost
- 1 kop smuldret tomat- og basilikumfetaost eller fetaost
- 1/8 tsk hvidløgspulver
- 1/8 tsk hver tørret oregano, persilleflager og basilikum

Vejbeskrivelse
a) Forvarm ovnen til 350°. I en stor gryde varmes olie op over medium-høj varme. Tilføj løg og svampe; kog og rør til det er mørt. Tilsæt hvidløg; kog 1 minut længere. Rør bouillon, artiskokker, spinat, rosmarin, muskatnød og peber i; bring lige i kog. Reducer varmen; lad det simre i 5 minutter under omrøring af og til. Rør Alfredo sauce; fjern fra varmen.

b) Fordel 1 kop sauce i en smurt 13x9-in. bage fad. Læg lag med 3 nudler og 2/3 kop mossarellaost. Gentag lagene 3 gange. Top med den resterende sauce og mossarellaost. Drys med fetaost, hvidløgspulver og krydderurter.

c) Bages, tildækket, 40 minutter. Bages uden låg i 15 minutter længere, eller indtil nudlerne er møre. Lad stå 10 minutter før servering.

97. Lasagne i Texas-stil

Ingrediens

- 1-1/2 pund hakket oksekød
- 1 tsk krydret salt
- 1 pakke (1-1/4 ounce) tacokrydderi
- 1 dåse (14-1/2 ounce) tomater i tern, udrænet
- 1 dåse (15 ounce) tomatsauce
- 1 dåse (4 ounce) hakket grøn chili
- 2 kopper 4% hytteost
- 2 store æg, let pisket
- 12 majstortillas (6 tommer), revet
- 3-1/2 til 4 kopper revet Monterey Jack ost
- Valgfri toppings: Knust tortillachips, salsa og avocado i tern

Vejbeskrivelse

a) I en stor stegepande, kog oksekød over medium varme, indtil det ikke længere er lyserødt; dræne. Tilsæt krydret salt, tacokrydderi, tomater, tomatsauce og chili. Reducer varmen; lad det simre uden låg i 15-20 minutter. Kombiner hytteost og æg i en lille skål.

b) I en smurt 13x9-tommer. bageform, lag halvdelen af hver af følgende: kødsauce, tortillas, hytteostblanding og Monterey Jack ost. Gentag lag.

c) Bages uden låg ved 350° i 30 minutter eller indtil boblende. Lad stå 10 minutter før servering. Pynt med toppings hvis det ønskes.

d) Frysemulighed: Inden bagning skal du dække og fryse lasagne i op til 3 måneder. Tø op i køleskabet natten over. Tag ud af køleskabet 30 minutter før bagning. Bages som anvist, og øge tiden efter behov for et termometer til at læse 160°.

98. Traditionel lasagne

Ingrediens

- 1 pund hakket oksekød
- 3/4-pund bulk svinepølse
- 3 dåser (8 ounce hver) tomatsauce
- 2 dåser (6 ounce hver) tomatpure
- 2 fed hvidløg, hakket
- 2 tsk sukker
- 1 tsk italiensk krydderi
- 1/2 til 1 tsk salt
- 1/4 til 1/2 tsk peber
- 3 store æg
- 3 spsk hakket frisk persille
- 3 kopper 4% lille ostemasse hytteost
- 1 kop ricotta ost
- 1/2 kop revet parmesanost
- 9 lasagne nudler, kogt og afdryppet
- 6 skiver provolone ost (ca. 6 ounces)
- 3 kopper revet delvis skummet mossarellaost, delt

Vejbeskrivelse

a) I en stor stegepande over medium varme, kog og smuldr oksekød og pølse, indtil det ikke længere er lyserødt; dræne. Tilføj de næste 7 ingredienser. Bring i kog. Reducer varmen; simre uden låg, 1 time, under omrøring af og til. Juster krydderier med yderligere salt og peber, hvis det ønskes.

b) Pisk i mellemtiden æg let i en stor skål. Tilsæt persille; rør hytteost, ricotta og parmesanost i.

c) Forvarm ovnen til 375°. Fordel 1 kop kødsauce i en usmurt 13x9-in. bage fad. Læg lag med 3 nudler, provoloneost, 2 kopper hytteostblanding, 1 kop mossarella, 3 nudler, 2 kopper kødsauce, resterende hytteostblanding og 1 kop mossarella. Top med de resterende nudler, kødsauce og mossarella (retten bliver fuld).

d) Dække over; bages 50 minutter. Afdække; bages indtil gennemvarmet, cirka 20 minutter. Lad stå 15 minutter før skæring.

99. Potluck pølsegryde

Ingrediens
- 1 pakke (16 ounce) pennepasta
- 1-pund bulk italiensk pølse
- 1 spsk smør
- 1 spsk olivenolie
- 1 mellemstor løg, finthakket
- 1 mellemstor gulerod, finthakket
- 1-1/2 tsk tørret oregano
- 1 tsk salt
- 1/2 tsk peber
- 1 lille zucchini, halveret på langs og skåret i skiver
- 1 kop hakkede friske svampe
- 6 fed hvidløg, hakket
- 1 dåse (15 ounce) tomatsauce
- 1 krukke (14 ounce) pastasauce med kød
- 2 kopper revet delvis skummet mossarellaost

Vejbeskrivelse
a) Forvarm ovnen til 350°. Kog pasta efter pakkens anvisninger for al dente; dræn og overfør til smurt 13x9-in. bage fad. I mellemtiden, i en stor stegepande, kog pølsen over medium varme, indtil den ikke længere er lyserød, 6-8 minutter, og brydes i smuldrer; dræn og fjern fra panden.

b) I samme stegepande opvarmes smør og olie over medium-høj varme. Tilsæt løg, gulerod, oregano, salt og peber; kog og rør i 5 minutter. Tilsæt zucchini, svampe og hvidløg; kog og rør 6-8 minutter længere, eller indtil grøntsagerne er møre.

c) Rør tomatsauce, pastasauce og pølse i; hældes over pasta. Drys med ost (fadet bliver fyldt). Dæk gryden med et stykke folie belagt med madlavningsspray. Bages 10 minutter. Afdække; bages indtil gyldenbrun og osten er smeltet, 15-20 minutter længere. Lad stå 10 minutter før servering.

100.   <u>Bønnelasagne</u>

Udbytte: 4 portioner

Ingrediens
- 1 spiseskefuld   Vegetabilsk olie
- 1 kop   Hakket løg
- 3 fed hvidløg, hakket
- 114 oz. Kan tomatsauce
- 1 lille dåse Tomatpuré
- 3 spsk oregano
- 2 spsk basilikum
- ½ tsk paprika
- 1½ kop blandede bønner
- 1½ kop fedtfattig hytteost
- 2 kopper fedtfattig mossarella [revet]
- 1 æg
- 8 lasagne nudler [kogte]
- 1 tsk korianderblade [hakket]
- 2 spsk parmesanost

Vejbeskrivelse
a) Læg bønner i blød i fire til otte timer. Dæk med vand i en gryde og bring bønnerne i kog. Kog i 30-40 minutter. Varm olie op, svits løg og hvidløg til det er blødt.

b) Tilsæt tomatsauce, tomatpure, oregano, basilikum, paprika og kogte, drænede bønner. Bring i kog, reducer varmen, lad det simre i 8-10 minutter.

c) Tilsæt korianderblade. Forvarm ovnen til 325 F. Kombiner hytteost, mossarella og æg. Læg et lag nudler, et lag bønneblanding og et lag osteblanding i en smurt lasagnepande. Fortsæt, skiftevis nudler, bønner og ost, og afslut med et lag ost på toppen.

d) Drys parmesanost over det øverste lag. Bages i 40 minutter ved 325 F.

KONKLUSION

Lasagne er en klassisk italiensk ret, der er blevet en favorit i mange dele af verden, elsket for sin rige smag og trøstende natur. Lagene af pasta, ost og sauce samles for at skabe et tilfredsstillende og lækkert måltid, der er perfekt til enhver lejlighed. Med utallige variationer og måder at tilpasse den på, er lasagne en ret, som kan nydes af alle. Uanset om du foretrækker det med kød, grøntsager eller en blanding af begge dele, er lasagne en alsidig og lækker ret, der vil fortsætte med at være en elsket klassiker i generationer fremover.